affaires.com

Méthode de français des affaires

Livre du professeur

Jean-Luc Penfornis

www.cle-inter.com

Sommaire

Édition : Marie-Christine Couet-Lannes
Conception graphique : Nicole Sicre

ISBN : 209-033177-1

Introduction

affaires.com est une méthode de français des affaires. Elle est destinée à tous ceux, adolescents et adultes, qui ont ou auront à communiquer dans le monde des affaires avec des francophones.

Elle s'adresse à des apprenants de niveau avancé, ayant atteint le niveau B1 du Cadre commun de référence défini par le Conseil de l'Europe. Elle couvre une centaine d'heures d'apprentissage.

Objectifs

affaires.com entend répondre à l'attente de nombreux professeurs et étudiants qui veulent disposer d'une méthode proposant l'apprentissage de la langue des affaires de façon vivante et authentique. Ce cours doit permettre à vos étudiants de maîtriser progressivement, au niveau défini, le fonctionnement et l'usage de la langue en leur faisant acquérir savoirs et savoir-faire linguistiques et communicatifs dans les situations les plus courantes de la vie des affaires.

Ce cours prépare par ailleurs au DFA 1 (diplôme de français des affaires, niveau 1) de la Chambre de commerce et d'industrie de Paris (CCIP). L'ensemble des activités et ressources proposées peut également servir à la préparation du DFA 2 (diplôme de français des affaires, niveau 2).

Matériel

L'ensemble pédagogique comprend :
- le livre de l'élève ;
- une cassette audio ou un CD audio ;
- et le guide pédagogique, que vous êtes en train de lire.

Organisation du cours

Le livre de l'élève contient :
- six unités thématiques regroupant chacune cinq leçons ; chaque leçon est présentée sur une double page ;
- un « Bilan des compétences », à la fin de chacune de ces six unités ;
- et à la fin de l'ouvrage :
  - des dossiers de simulation pour les jeux de rôle ;
  - des fiches grammaticales accompagnées d'exercices ;
  - des tableaux des expressions de la correspondance professionnelle et de la communication téléphonique, avec des exercices d'application ;
  - la transcription des enregistrements ;
  - un lexique bilingue français-anglais.

Contenus

affaires.com met en avant les actes de communication, sans toutefois négliger les contenus linguistiques.

• Contenus communicatifs

Les six unités de *affaires.com* sont thématiques. Elle regroupent et permettent d'acquérir les savoirs et savoir-faire essentiels pour obtenir une compétence de communication dans les affaires.

affaires.com traite des principaux aspects de la communication professionnelle :
- la communication orale : accueillir, mener un entretien de vente, engager une conversation téléphonique, animer une réunion, etc.
- la communication écrite : prendre des notes, remplir des formulaires, rédiger des lettres commerciales, des courriers électroniques (e-mail), des comptes rendus, des rapports, etc.

Les thèmes abordés au travers de ces situations de communication couvrent l'ensemble du monde des affaires :
– l'environnement socio-économique de l'entreprise : croissance, emploi, échanges extérieurs, etc.
– l'organisation, le fonctionnement et la gestion de l'entreprise : management, personnel, communication interne, culture d'entreprise, sociétés commerciales, contrat de travail, comptabilité, financement, etc.
– le marché de l'entreprise : étude de marché, lancement d'un produit, communication, distribution, force de vente, etc.
– les partenaires de l'entreprise : clients et fournisseurs (offre, commande, livraison, facturation, réclamation, etc.), transporteurs, banques (compte bancaire, crédit, etc.), assurances, État, etc.

• Contenus linguistiques

– Le lexique

On reconnaît surtout le langage des affaires aux mots qu'il utilise. Des tableaux, baptisés « Leçon du jour », expliquent dans un langage simple les termes les plus courants du monde des affaires. Ils contiennent les termes indispensables, à ce niveau, pour pouvoir communiquer dans le monde des affaires autour d'un thème déterminé. Ces termes sont repris ensuite dans le cadre des situations de communication.

Les étudiants peuvent consulter le lexique bilingue français-anglais situé à la fin de l'ouvrage. Ce lexique récapitule les termes utilisés dans les leçons. Il contient surtout des termes techniques, c'est-à-dire des termes ayant un sens particulier dans tel ou tel domaine du monde des affaires.

– La grammaire

Chaque leçon contient un point de grammaire proposant un ou des exercices de grammaire de niveau intermédiaire. La plupart de ces exercices renvoient à des explications et à des exercices complémentaires situés à la fin de l'ouvrage.

Principes méthodologiques

• Apprentissage par paliers

Chaque unité correspond à l'acquisition de savoirs et savoir-faire propres à une situation de communication déterminée. La leçon est présentée sur une double page en un ensemble complet et cohérent. Elle reste le module de travail et peut faire l'objet de deux ou trois séances de cours.

• Progression

Les unités et les leçons de ***affaires.com*** sont présentées selon une certaine *progression fonctionnelle, lexicale et grammaticale*.

Dans chaque leçon, la difficulté des activités est graduée. L'élève commence par des exercices de compréhension pour la découverte et par le repérage d'éléments linguistiques sélectionnés, puis progressivement il est amené à réaliser des activités d'expression écrite et orale de plus en plus libres.

• Systématisation des outils linguistiques

– Le lexique

S'agissant du lexique, l'étudiant consulte d'abord la « leçon du jour ». Il est ensuite invité à manier les mots dans diverses activités de communication, en résolvant de petits cas d'entreprise et en réalisant des tâches professionnelles. Il peut à tout moment consulter le lexique à la fin de l'ouvrage.

– La grammaire

Dans les fiches situées à la fin de l'ouvrage, les règles de grammaire sont expliquées de manière synthétique et structurée au moyen d'une terminologie métalinguistique réduite et d'exemples.

Ces fiches de grammaire constituent une boîte à outils. Il y est fait des renvois explicites tout au long de l'ouvrage, mais vos étudiants peuvent également et à tout moment s'y reporter pour chercher ou vérifier un point de grammaire.

• Prise en compte des quatre aptitudes

Les quatre aptitudes (CE, CO, EE, EO) sont prises en compte dans toutes les leçons. Il est souvent demandé, comme dans les situations réelles de communication, de mettre simultanément en jeu plusieurs aptitudes.
Chacune des six unités se termine par un « bilan de compétences » : les étudiants peuvent lire, écouter, écrire et parler en utilisant les acquis de l'unité.

L'écrit est un support de travail et de mémorisation. Tous les dialogues et documents travaillés à l'oral sont transcrits dans le livre de l'élève, soit à l'intérieur de la leçon, soit à la fin de l'ouvrage.

• Variété et authenticité des supports

affaires.com propose des documents, écrits et oraux, variés : lettres, e-mails, comptes rendus, rapports, notes de service, articles de presse, formulaires, tableaux, dialogues, graphiques, exposés, etc.

• Apprentissage fondé sur des tâches

Chaque activité est constituée par une tâche à accomplir, un problème à résoudre à partir d'un support (leçon du jour, document écrit ou sonore, etc.).

Les étudiants doivent résoudre des problèmes, prendre des décisions, ce qui les amène à prendre en considération le contexte, à réfléchir sur le sens des documents et à utiliser des stratégies diverses. ***affaires.com*** propose ainsi de nombreuses études de cas.

La méthode des cas : quelques suggestions

Selon cette technique, les étudiants sont confrontés à une situation concrète et problématique qu'ils doivent analyser pour aboutir à une solution. Il est recommandé de suivre les étapes suivantes :

• Former des groupes
De deux à quatre personnes. L'étude de cas se fait en équipes : c'est un travail collectif. L'enseignant, ou plutôt l'animateur que vous êtes, doit indiquer clairement l'objet et l'objectif de cette activité.

• Comprendre l'histoire
De quoi s'agit-il ? Ai-je bien compris ? C'est la découverte du cas. Chacun lit. Puis on met en commun. Avant de passer à l'étape suivante, assurez-vous que l'histoire est comprise de tous.

• Analyser le problème, trouver des solutions
Quels sont les problèmes ? Quels en sont les causes ? Que faut-il faire ? Pourquoi ? Les étudiants répondent, par groupes, aux questions. Il est préférable, mais pas indispensable, qu'ils débattent en français au sein de leur groupe. La mise en commun, en tout cas, doit se faire en français.

• Mettre en commun
La classe essaie de se mettre d'accord sur l'identification du ou des problèmes et sur une ou des solutions communes. L'exercice ne consiste pas à défendre son point de vue à tout prix, mais, au contraire, à s'enrichir des idées des autres. On a dix fois plus d'idées à dix que tout seul et on ne doit éprouver aucune honte à changer d'avis. Le but est de parvenir *ensemble* à la meilleure solution. Le but est aussi d'apprendre à travailler en groupe. Le professeur a un rôle d'animateur. Contentez-vous de gérer les temps de parole, de susciter les réactions, de résumer ce qui a été dit, d'orienter, etc. Ce n'est pas à vous, mais aux étudiants, de proposer une solution.

• Tirer la leçon de l'histoire
Le cas échéant, on peut dégager quelques principes qui ressortent de l'étude de cas. C'est, en quelque sorte, la morale de l'histoire.

• Prolonger le cas
Vous pouvez toujours prolonger un cas en modifiant l'une de ses composantes (Que se serait-il passé si... ?) ou en demandant à vos étudiants de réaliser des tâches supplémentaires (rédaction d'un rapport ou d'une lettre, jeu de rôles, etc.).

• Évaluation des acquis

Le « bilan de compétences » situé à la fin de chaque unité contient quatre pages. Il permet aux étudiants de vérifier et d'évaluer leur aptitude à lire, à écouter, à écrire et à parler.

– Lire

Les deux premières pages du bilan sont consacrées à la lecture. Au moyen d'exercices divers, les étudiants sont invités à vérifier leur compréhension de documents écrits de différents types : articles de presse, lettres (de vente, de réclamation, de candidature à un emploi, etc.), notes de service, annonces, courriers électroniques, résultats financiers, graphiques, etc.

– Écouter

Une troisième page du bilan est consacrée aux activités d'écoute. Les étudiants écoutent un document sonore (conversation téléphonique, entretien radiophonique, témoignage, message publicitaire, etc.), puis effectuent une tâche précise à partir de cette écoute. Tous les enregistrements sont transcrits à la fin de l'ouvrage.

– Écrire

Les étudiants doivent réagir à certaines situations bien précises en rédigeant différents types de textes : lettres, rapports, comptes rendus, articles, etc.

– Parler

Pour exercer et évaluer leur aptitude à parler, les étudiants sont invités à « jouer à deux » à l'aide des dossiers de simulation situés à la fin de l'ouvrage. Ces dossiers contiennent des consignes confidentielles. Après les avoir consultés, les étudiants doivent, par groupes de deux, accomplir une tâche précise.
Cette activité peut également être pratiquée entre le professeur, qui prend un rôle, et l'étudiant, en face à face ou au téléphone.

1 acteurs économiques

Paroles d'actifs (pages 6 et 7)

Objectifs

- Distinguer différents types de travailleurs : salariés, travailleurs indépendants, etc.
- Présenter son travail, une journée de travail.

➢ Point grammaire : l'interrogation indirecte.

Activités 1, 2, 3, page 6

Suggestions

- Les étudiants lisent la leçon du jour – le cas échéant, à l'aide des explications du professeur.
- Ils font le premier exercice individuellement. Ils comparent ensuite leurs réponses avec un collègue de classe, et tous deux essayent de s'entendre sur des réponses communes.
- Correction collective de ce premier exercice.
- Procéder de la même façon pour les activités 2 et 3.

Comment apprendre du vocabulaire

Dans un encadré baptisé « leçon du jour » sont expliqués un certain nombre de termes propres au domaine étudié. C'est par là qu'il faut commencer. Les étudiants lisent cette « leçon du jour ». Le professeur fournit les explications nécessaires et, si besoin, apporte du vocabulaire complémentaire. Les étudiants sont ensuite amenés à employer les termes de la leçon en réalisant des activités.

Généralement, la leçon commence par un ou plusieurs exercices de vocabulaire, dont les réponses sont à découvrir dans la « leçon du jour ». Ces exercices permettent de s'assurer que les étudiants ont bien compris les mots de la « leçon du jour » et qu'ils sont aptes à les utiliser dans différents contextes.

Au cours de la leçon, les étudiants sont invités à employer ces mots dans différentes situations en réalisant des activités de plus en plus ouvertes, plus communicatives, proches de situations professionnelles authentiques.

Corrigé

Activité 1

1. *Les cadres sont des salariés* : VRAI. – **2.** *Les cadres travaillent sous la direction des employés et des ouvriers* : FAUX. C'est le contraire : les employés et les ouvriers travaillent sous la direction des cadres. – **3.** *Le personnel de l'entreprise comprend des travailleurs indépendants* : FAUX. Le personnel est uniquement composé de salariés.

Activité 2

a. Léo est un travailleur indépendant.
b. Lucie n'est pas l'employeur de Léo.
c. Lucie est une salariée de Lauréade. Elle est cadre.
d. Michel n'est pas le salarié de Lucie, mais de Lauréade. C'est un employé, non un cadre.

Activité 3

Le mot correct : artisan.

Pour votre information

Qu'est-ce qu'un salarié ? Le salarié travaille pour le compte et *sous la subordination (l'autorité)* d'un employeur, en contrepartie d'un salaire. Le lien de subordination est essentiel car c'est lui qui permet de distinguer un salarié et un travailleur indépendant. Le salarié est placé sous l'autorité de l'employeur. Grâce à son pouvoir de commandement, l'employeur peut lui donner des ordres et le sanctionner de diverses manières : avertissement, mise à pied, rétrogradation, licenciement. Le travailleur indépendant, quant à lui, ne reçoit pas d'ordre de son client.

Les employés : on utilise souvent le mot « employés » pour désigner les « salariés ». Pourtant, les deux mots n'ont pas tout à fait le même sens : comme il est expliqué dans la « leçon du jour », les employés effectuent un travail de bureau, sans beaucoup de responsabilités, ils constituent une catégorie de salariés parmi d'autres.

Les ouvriers : ce sont souvent, mais pas toujours, des salariés. On distingue les ouvriers qualifiés et les ouvriers spécialisés. Un ouvrier qualifié a suivi un apprentissage, souvent pendant plusieurs années. C'est le cas d'un artisan : plombier, peintre, menuisier, etc. Les ouvriers spécialisés, quant à eux, qu'il ne faut pas confondre avec des spécialistes, n'ont aucune formation. Ce sont des ouvriers non qualifiés. C'est le cas du manœuvre. Dans les pays riches, les ouvriers spécialisés sont de moins en moins nombreux, et de plus en plus souvent au chômage.

Les cadres : ils constituent une autre catégorie de salariés. Ce sont des supérieurs hiérarchiques. Ils ne faut pas les confondre avec l'employeur, qui est le propriétaire de l'entreprise. On distingue plusieurs types de cadres :
– les cadres techniques, tel un ingénieur ;
– les cadres commerciaux, comme le directeur du marketing ;
– les cadres administratifs : le responsable de la comptabilité, le directeur juridique, le chef du personnel, etc.

Activité 4, page 7

Suggestions

• À l'aide des photos et du texte, les étudiants découvriront certains aspects de Paris, de la vie parisienne, et les conditions de vie d'un jeune couple à Paris.
• Relever dans le texte la superficie de l'appartement et le montant du loyer, le salaire d'Arthur, les horaires de travail de Charlotte, la durée du trajet, etc.
• Noter les termes liés au monde du travail : ingénieur, serveur, salaire, pourboire, à temps partiel, collègue, etc.

Corrigé

Charlotte et Arthur sont tous deux des salariés. Charlotte travaille pour une entreprise pharmaceutique, et Arthur pour un restaurant. Charlotte est un cadre technique.

Activités 5, 6, page 7

Suggestions

• Les étudiants posent d'abord leurs questions par écrit. Le professeur s'assure que ces questions sont bien formulées. Cet exercice prolonge le point de grammaire.
• Les étudiants font l'activité 5-b par groupe de deux. Compter 30 minutes. L'activité permet aux étudiants de parler, mais aussi de faire connaissance (ou plus ample connaissance).
• Le texte de l'activité 6 peut être écrit en classe ou à la maison. Dès cette première leçon, le professeur peut faire une première évaluation de l'expression écrite de ses étudiants, et mieux faire leur connaissance.

➢ Point grammaire, page 7

Suggestions

Comment traiter un point de grammaire

affaires.com s'adresse à des étudiants de niveau avancé, qui ont déjà étudié les notions grammaticales essentielles. Toutefois, afin de renforcer leurs acquis, le cours reprend la plupart de ces notions.
Le point de grammaire de chaque leçon peut être traité en trois étapes :
1. Les étudiants font le ou les exercices proposés dans l'encadré de la leçon ;
2. Ils prennent connaissance de la règle de grammaire située à la fin de l'ouvrage, avec l'aide du professeur.
3. Ils font les exercices de la fin de l'ouvrage.

Ces étapes peuvent être placées dans des ordres différents, car il existe évidemment de nombreux itinéraires possibles. Le professeur doit choisir le plus adapté à sa classe, à son type d'enseignement, à la situation. Par exemple, si les étudiants ont encore un bon souvenir du point de grammaire, ils feront d'abord l'exercice proposé dans l'encadré. Mais si leur souvenir est imprécis, ils peuvent commencer par prendre connaissance de la règle à la fin de l'ouvrage, le professeur apportant à ce moment des explications complémentaires, puis ils font le ou les exercices proposés dans l'encadré, ainsi que ceux de la fin de l'ouvrage.

Corrigé

Proposition :

1. Où travaillez-vous ? – **2.** Avec qui habitez-vous ? – **3.** Combien de pièces a l'appartement que vous louez ? – **4.** Vous avez des enfants ? – **5.** Quel âge avez-vous ? – **6.** À quelle heure vous levez-vous les jours où vous travaillez ? – **7.** Comment est-ce que vous allez à votre travail ? – **8.** Combien de temps vous faut-il pour vous rendre à votre travail ?

2 Diversité des entreprises (pages 8 et 9)

Objectifs

• Identifier l'entreprise et le rôle de l'entreprise.
• Distinguer différents types d'entreprise (selon le secteur, la taille, le chiffre d'affaires, etc.).
➢ Point grammaire : l'article indéfini *des*, la préposition *de*, les quantitatifs.

■ Activités 1, 2, page 8

Suggestions

• Les étudiants lisent la leçon du jour et font les activités 1 et 2 à deux, d'abord sans l'aide du professeur. Ils essayent de s'entendre avec un collègue de classe sur des réponses communes.
• Avant de corriger, le professeur explique la leçon du jour, en développant certains points (voir ci-dessous « Pour votre information »).
• Correction collective des deux exercices. Pour l'affirmation de l'exercice 1-b, on se demandera si la recherche du profit est le seul but de l'entreprise. Dans l'affirmative, quels pourraient être les autres buts ?

Corrigé

Activité 1

1. *Une entreprise produit toujours des biens matériels* : FAUX. Une entreprise peut également produire un service. Le mot « produire » s'applique aux biens et aux services.
2. *Le seul but de l'entreprise est de faire du profit* : c'est à la fois FAUX et VRAI. C'est FAUX pour les entreprises publiques (les entreprises qui appartiennent à l'État), dont le premier objectif est de rendre un service public : transport public, par exemple. C'est certainement VRAI pour les entreprises privées.

3. *Les créanciers apportent des capitaux aux entreprises* : FAUX. Les créanciers prêtent. Les capitalistes (propriétaires, actionnaires) apportent. Apporter, ce n'est pas prêter, et un créancier n'est pas un propriétaire.
4. *Dans une économie capitaliste, les salariés sont propriétaires des biens de production* : FAUX. Pour que l'entreprise produise, il faut du travail et du capital. Les salariés apportent le travail, les capitalistes apportent les biens de production. Seuls les capitalistes sont propriétaires des biens de production.

Activité 2

Le salarié. Le capitaliste. (Les deux mots se trouvent dans la « leçon du jour ».)

Activités 3, page 8

Suggestions

- Les étudiants font l'exercice individuellement.
- Correction collective.

Corrigé

... de grandes ***exploitations agricoles*** produisant des tonnes de blé... des ***grands magasins*** très chics, comme les Galeries Lafayette... des ***hôtels cinq étoiles*** à côté de petites auberges... des ***constructeurs automobiles*** employant des milliers d'ingénieurs... des ***compagnies aériennes*** transportant chaque jour...

Pour votre information

Comment distinguer l'entreprise, l'établissement, la société.

Pendant longtemps, l'entreprise a été ignorée des Français. On parlait du « patron », pas du « chef d'entreprise ». Dans les années 1970, on a mieux compris que le développement de l'activité économique et des conditions de vie dépendait beaucoup des entreprises. Le mot « entreprise » a des synonymes : la firme, l'exploitation, la compagnie. La firme est un terme des économistes classiques (fin XIXe siècle), encore utilisé aujourd'hui. Le mot « exploitation » est surtout utilisé pour désigner les entreprises du secteur primaire : exploitation agricole, exploitation minière, exploitation vinicole, etc. Le mot « compagnie » est utilisé dans des cas limités : on parle de compagnie d'assurances, de compagnie d'aviation (ou aérienne), de compagnie maritime.
Une grande entreprise a généralement plusieurs établissements : usines, agences, magasins, boutiques, etc.
Le mot société est un terme juridique. Pour désigner une même entité, un économiste dira entreprise et un juriste parlera de la société.

➢ Point grammaire, page 8

Corrigé

1. Il y a **de** nombreuses... très peu **de** grandes entreprises. – **2.** Je connais **des** entreprises... aussi **de** mauvaises entreprises. – **3.** Cette entreprise vend **des** dizaines **de** produits différents... la plus grande part **de** son chiffre d'affaires... – **4.** Elle emploie plusieurs milliers **de** salariés dans **des** pays divers.

Pour votre information

Ce point de grammaire traite des expressions de quantité et de l'article indéfini au pluriel :
– les expressions de quantité sont suivies de « de » (ou « d' ») + nom : un millier d'entreprises, beaucoup de pays, etc.
– l'article indéfini « des » devient « de » (ou « d' ») devant un nom précédé d'un adjectif. Autrement dit : des → de (ou « d' » + voyelle) + adjectif + nom.

Activité 4, page 9

Suggestions

• Définir le sens de certains mots contenus dans la consigne : *industriel, commercial, artisanal, de services* (voir ci-dessous « Pour votre information »).
• Les étudiants disent tout ce qu'ils savent de Michelin et de Carrefour.

Corrigé

Michelin est une entreprise industrielle (transformation et fabrication de biens destinés à la vente). Carrefour est une entreprise commerciale (achat et revente de biens sans transformation).

Pour votre information

On peut distinguer les entreprises selon leur activité :
– L'entreprise agricole transforme le milieu naturel.
– L'entreprise industrielle transforme et fabrique des biens, en utilisant des moyens de production importants. *Ex.* : entreprise automobile, pétrolière, sidérurgique, etc.
– L'entreprise artisanale produit des biens et des services. L'artisan travaille pour son propre compte. Il exerce une activité manuelle. *Ex.* : plombier, menuisier, boulanger, etc.
– L'entreprise commerciale achète et vend des biens sans les transformer. *Ex.* : épicerie, supermarché, grand magasin, etc.
– L'entreprise de services vend des biens immatériels : voyage, assurance, transport, etc.

Activités 5, 6, page 9

Suggestions

• Les étudiants font les exercices individuellement.
• Correction collective après chaque exercice.
• **Activité 5** : Les étudiants connaissent-ils des entreprises appartenant aux autres secteurs cités : banques, assurances, énergie, automobile, etc. ? Qu'en savent-ils ?

Corrigé

Activité 5

Exercice a.

Michelin appartient au secteur de l'équipement automobile, Carrefour à la grande distribution.

Exercice b.

Michelin est une entreprise plus ancienne que Carrefour. L'automobile est née il y a un siècle alors que la grande distribution n'est apparue que dans les années 1960, avec la société de consommation.
Carrefour a plus de clients que Michelin. Carrefour a pour clients des millions de consommateurs dans de nombreux pays. Michelin vend généralement aux entreprises, en particulier aux entreprises automobiles. Dans le monde, il y a évidemment moins d'entreprises automobiles que de consommateurs.

Activité 6

Il faut barrer les deux phrases suivantes :
– « Elle possède 750 hypermarchés et 2 400 supermarchés. »
– « Le cybermarché de la société propose la livraison à domicile des courses alimentaires, parmi un choix de 6 000 produits. »
Ces deux phrases concernent Carrefour, pas Michelin.

Pour votre information

Un secteur regroupe des entreprises ayant la même activité principale (voir la leçon du jour, page 76 du livre de l'élève). Michelin est classée dans le secteur de l'équipement automobile parce que son activité principale est de fabriquer des pneus. Michelin édite également des guides touristiques, mais c'est une activité secondaire.

Activité 7, page 9

Suggestions

• S'assurer que les étudiants comprennent toutes les mentions de la fiche d'identité. Ils ne devraient pas confondre, par exemple, « lieu d'implantation » et « étendue du marché ». Ainsi, une entreprise peut produire dans un seul pays et vendre dans le monde entier.
• Pour le prochain cours, les étudiants peuvent préparer la fiche d'identité d'une entreprise de leur pays : une grande entreprise, l'entreprise dans laquelle ils travaillent, etc. À l'aide de cette fiche, chacun présente oralement l'entreprise, en quelques minutes.

Corrigé

FICHE D'IDENTITÉ

– Nom de l'entreprise : ***Michelin***
– Secteur d'activité : ***équipement automobile***
– Effectifs : ***130 000 personnes***
– Chiffre d'affaires : ***400 millions d'euros***
– Siège social : ***Clermont-Ferrand (France)***
– Lieux d'implantation : ***80 sites de production répartis dans une vingtaine de pays***
– Étendue du marché : ***mondiale (présence commerciale dans 170 pays, 20 % du marché mondial, 47 % du chiffre d'affaires en Europe, 40 % en Amérique, 13 % sur les autres continents)***
– Autres caractéristiques : ***l'entreprise, créée en 1889, produit 785 000 pneus par jour.***

Jouez à deux, page 9 •••••

Suggestions

Comment jouer à deux

À la fin de certaines leçons, et à la fin de tous les bilans de compétences, les étudiants sont invités à s'exprimer oralement en jouant à deux. Pour cela, ils doivent utiliser les dossiers de simulation situés à la fin de l'ouvrage.

Ces dossiers contiennent des consignes confidentielles. Après les avoir consultés, les étudiants accomplissent, par groupes de deux, une tâche précise (si la classe est en nombre impair, il faudra former un groupe de trois personnes, et deux joueurs consulteront le même dossier). Les consignes doivent rester confidentielles jusqu'à la fin du jeu : c'est une activité d'expression orale, et les joueurs ne doivent pas communiquer autrement qu'oralement. Cet exercice peut durer de 10 à 30 minutes, selon la tâche à accomplir.

L'exercice peut également être pratiqué entre le professeur, qui prend un rôle, et l'étudiant, en face à face, ou au téléphone.

Affaires.com ne demande pas aux étudiants de s'imaginer dans une situation qui pourrait survenir en dehors de la classe, ni d'assumer un autre rôle que le leur. Les simulations sont constituées d'activités orientées sur des problèmes qu'ils doivent résoudre à deux, en conservant leur identité.

Affaires.com propose des exercices variés, de façon à pouvoir pratiquer différentes aptitudes de la production orale. Ainsi, par exemple, les étudiants sont amenés à répondre à des questions, mais aussi à en poser eux-mêmes, à formuler des opinions et à exprimer leurs propres idées.

Le rôle du professeur est principalement de s'assurer que les consignes sont comprises et respectées. Il ne doit pas trop intervenir dans la communication, ni pour corriger les fautes, ni pour imposer sa façon de faire. La tâche est précise, mais elle peut être réalisée de multiples façons. Pendant le jeu, les étudiants agissent comme ils l'entendent, en utilisant les « moyens du bord », et notamment les moyens linguistiques dont ils disposent. Il est évidemment impératif que les joueurs s'expriment en français.

Corrigé

Carrefour

Carrefour est un groupe français, numéro 2 mondial de la grande distribution, derrière l'américain ***Wal-Mart*** et devant le groupe germano-suisse ***Metro***. Le premier magasin Carrefour ouvre en ***1963***. Aujourd'hui, il existe à peu près ***10 000*** magasins Carrefour répartis dans une ***trentaine*** de pays en Europe, en Asie et en Amérique. Le groupe Carrefour emploie près de ***400 000*** personnes dans le monde dont ***280 000*** en France. Il réalise un chiffre d'affaires annuel de ***70 milliards*** d'euros.

Banque de crédit (pages 10 et 11)

Objectifs

- Repérer des informations dans une lettre commerciale.
- Mettre en page une lettre professionnelle.
- Découvrir les services bancaires.

➢ Point grammaire : les pronoms compléments *le*, *la*, *lui*.

Activité 1, page 10

Suggestions

Cette leçon porte autant sur la lettre que sur les services de banque. La lettre modèle de la banque Azur (page 10 du livre de l'élève) permettra d'expliquer les principales règles de rédaction et surtout de présentation d'une lettre professionnelle. En pratique, la mise en page varie souvent d'une entreprise à l'autre. Mais dans le cours, on peut s'entendre sur quelques règles de base. Il n'est pas difficile d'écrire une lettre professionnelle, à condition toutefois :
– de respecter certaines règles de présentation ;
– d'utiliser les formules adéquates ;
– de disposer les informations de manière ordonnée.

De la lettre de la banque Azur, on peut tirer les conseils suivants :

- Utiliser une feuille blanche. En France, en principe, on écrit une lettre sur une feuille blanche, de format A4. Les étudiants devront y penser quand, plus tard, ils remettront leur copie au professeur.
- Écrire un texte « aéré ». Il faut écrire une lettre aérée, en faisant des marges, et respecter un certain équilibre, en faisant en sorte de disposer les informations sur toute la page (au lieu, par exemple, d'écrire un texte serré dans le haut de la page et de laisser un grand espace blanc en bas).
- Placer les informations au bon endroit. La disposition des informations à un endroit précis de la page permet au destinataire de repérer d'un coup d'œil les premières informations : nom de l'expéditeur, lieu, date, objet, etc.
- Organiser les informations :

1. On explique ce qui s'est passé.
2. On dit ce qu'on a à dire : on écrit généralement pour informer – c'est le cas de Martin Perruchon, le directeur de l'agence – ou pour formuler une demande.
3. On conclut (*Ex.* : « Nous espérons que les service d'Infonet vous donne entière satisfaction »).
4. On salue.

Corrigé

1. *La banque Azur est une SA* : VRAI. (pour plus de précisions, voir la leçon « Choix de société », page 26 du livre de l'élève).
2. *Son siège social se trouve à Paris* : VRAI. Plus précisément, il se trouve au 45, boulevard Haussmann, dans le 9e arrondissement de Paris.

3. *L'expéditeur de cette lettre se trouve dans le 10e arrondissement de Paris* : VRAI. L'expéditeur n'est pas le siège social de la banque, mais l'agence Magenta, située au 71-73, boulevard Magenta, 75010 Paris.
Note : La France est divisée en 96 départements en métropole et en 4 départements outre-mer. Chaque département porte un numéro. Les deux premiers chiffres du code postal indiquent le numéro du département : 75 désigne Paris, qui est à la fois, et exceptionnellement, un département et une ville. Paris est divisé en 20 arrondissements, et le « 010 » indique le numéro de l'arrondissement.
4. *Le signataire de cette lettre dirige la banque Azur* : FAUX. Martin Perruchon, le signataire de la lettre, est directeur d'une agence, et non pas le directeur de la banque.
5. *Une pièce est jointe à la lettre* : FAUX. PJ (pièces jointes) : 0.
6. *Le destinataire de cette lettre est un client de la banque* : VRAI. C'est William Sanchez, le « cher client ». Au-dessus de son nom figure le numéro de son compte bancaire.
Note : Cette lettre a été écrite par Martin Perruchon, au nom de la banque Azur. Si les banques écrivent parfois à leurs clients, l'inverse n'est pas vrai : le client d'une banque écrit rarement à son banquier. Pour les opérations de routine, il remplit généralement un imprimé ou un formulaire. Pour les opérations plus complexes, comme les demandes de crédit, un entretien est toujours nécessaire.
7. *Il a perdu son carnet de chèques* : VRAI. C'est ce qui motive l'envoi de cette lettre.

Pour votre information

La rédaction d'une lettre professionnelle se fait à l'intérieur d'un cadre rigide. Il est risqué de laisser libre cours à son imagination aussi bien dans la manière de présenter sa lettre que dans le choix des mots, du discours.
Comme on soigne sa tenue vestimentaire lors d'un rendez-vous professionnel, on doit, de la même façon, soigner la présentation d'une lettre. C'est elle qui donne la première impression, et cette première impression a une influence déterminante sur le destinataire. Bref, le premier regard du lecteur a son importance et une lettre doit d'abord être – tout simplement – agréable à regarder. Par ailleurs, il vaut mieux reprendre les formules « toutes faites » de la correspondance professionnelle (pages 114 et 115 du livre de l'élève) et se garder d'inventer sa propre formule.

1. Les mentions sur l'expéditeur

En France, en principe, toute entreprise est tenue d'indiquer :
– sa forme juridique (la banque Azur est une SA – une société anonyme) ;
– le montant de son capital social (dans le cas de la banque Azur : 670 407 765 euros) ;
– son numéro d'immatriculation au Registre du commerce et des sociétés (RCS), qui est en France l'administration auprès de laquelle les sociétés doivent déclarer leur existence. Ce numéro est, en quelque sorte, le numéro d'identité de la société et doit être porté sur ses documents (la banque Azur est immatriculée au Registre de Paris, sous le numéro 552120444).

2. Les mentions sur le destinataire

Il existe au moins quatre cas différents.
Cas 1. Le destinataire est une personne privée :
WILLIAM SANCHEZ
3, rue Jarry
75010 PARIS
• Le nom et l'adresse du destinataire, comme ceux de l'expéditeur, peuvent s'écrire avec une virgule après le numéro ou sans aucun signe de ponctuation. On écrit le nom de la ville en lettres majuscules. Les rue, avenue, boulevard… s'écrivent en lettres minuscules, mais le nom qui suit commence par une majuscule. *Ex.* : 6 rue de la Fidélité ; 28 boulevard de la Gare ; 33 avenue Lannes.

Cas 2. Le destinataire est une entreprise :
Banque Azur
71 boulevard Magenta
75010 Paris
Cas 3. Le destinataire est un responsable anonyme de l'entreprise :
Monsieur le Directeur du personnel
Banque Azur
71 boulevard Magenta
75010 Paris
• Ne pas écrire M. le Directeur, ni Monsieur le Dr, ni M. le Dr.
• Ne pas écrire « Mademoiselle la Directrice », mais de préférence « Madame la Directrice », même si vous savez que la personne est célibataire.
Cas 4. Le destinataire est une personne identifiée de l'entreprise :
Banque Azur
71 boulevard Magenta
75010 Paris
À l'attention de Monsieur M. Perruchon, Directeur
• Cette dernière mention peut également être portée au dessus du titre de civilité.

3. Les références

• Les première initiales (MP) sont celles de la personne qui prend la responsabilité de signer la lettre : Martin Perruchon. Les secondes (BD) sont celles de la personne (ou du service) qui a rédigé la lettre : par exemple, dans la lette de la banque Azur, c'est peut-être une « Bernadette Dupont ». Le numéro qui suit est un numéro de classement propre à l'entreprise.

4. La date

• Ne pas oublier la virgule après le nom de la ville.
• Écrire 1er, puis 2, 3, 4, etc.
• Écrire le mois en toutes lettres et sans majuscules. Ne pas écrire « Mars », mais « mars ».

5. L'objet

• Écrire l'objet sans article et sans verbe.
• L'objet répond à la question : qu'est-ce qui motive ma lettre ? Ou plus précisément : quel événement ou quel document motive ma lettre ?
Ex. 1 : Vous avez reçu avec retard la marchandise que vous aviez commandée. Ce n'est pas la première fois. Vous écrivez au fournisseur une lettre de réclamation. → Objet : Vos retards de livraison.
Ex. 2 : Vous recevez une facture qui contient une erreur. Vous écrivez une lettre de réclamation. → Objet : Votre facture n° 325 du 3 mars.
• L'objet est bref. Il tient sur la moitié gauche de la lettre.

6. Les pièces jointes

• On indique d'abord le nombre de pièces jointes, puis ce qu'elles sont. *Ex.* : 1. emploi du temps
• La description est concise.
• Il arrive que l'objet soit placé en bas de la page, à gauche, au niveau de la signature.

7. Le titre de civilité

• Dans sa lettre, la banque Azur cherche à personnaliser sa relation avec le client : d'où le « Cher client ».
• Si vous écrivez à une organisation (entreprise, administration), et à personne en particulier, le titre de civilité sera « Madame, Messieurs », ou « Madame, Monsieur ».
• Si vous écrivez à une personne en particulier, le titre de civilité sera « Madame, » ou « Monsieur, » et quelquefois « Chère Madame, » ou « Cher Monsieur, ». On ne mentionne pas le nom patronymique.
• L'appel se termine par une virgule, mais le premier paragraphe de la lettre commence par une majuscule.
• Comme pour l'adresse, ne pas écrire d'abréviations.

8. Les paragraphes
• Ne pas hésiter à faire de nombreux paragraphes (dans la lettre de la banque Azur, il y a une seule phrase par paragraphe).
• Séparer les paragraphes d'un même espace.
• On peut présenter la lettre de deux façons différentes : « à la française », avec un retrait de première ligne, ou « à l'américaine » la première ligne étant alignée sur les autres. Les deux types de présentation se valent. Ce qu'il ne faut pas faire, c'est mélanger les genres.
• La lettre québécoise adopte toujours la présentation « à l'américaine ».

9. La signature
• Si l'expéditeur écrit dans le cadre de ses activités professionnelles, la signature comporte trois parties : sa fonction, sa signature, son prénom et son nom. C'est le cas de la lettre de la banque Azur.
• Quand on écrit en son propre nom, et non dans un cadre professionnel, il n'y a évidemment pas de fonction à indiquer.

10. Le corps de la lettre
1. L'introduction
• Elle fait référence à ce qui s'est passé et à ce qui motive la lettre. Dans le cas de la banque Azur, l'événement à l'origine de la lettre est la perte du code secret, et la lettre commence donc par rappeler cet événement : « Vous nous avez informés de la perte de vote code secret… ».
• Si vous répondez à une lettre, commencez par faire référence à cette lettre : « J'ai bien reçu votre lettre du 3 mars. »
• Si vous écrivez à la suite d'un entretien téléphonique : « Je fais suite à notre entretien téléphonique du 3 mars. »
• Parfois, il est nécessaire d'expliquer ce qui s'est passé en plusieurs paragraphes. Parfois, au contraire, il ne s'est rien passé et c'est la première fois qu'on écrit. Dans ce cas, on entre directement dans le vif du sujet : il n'y a pas d'introduction.

2. Le développement
• On écrit le plus souvent soit pour transmettre une information soit pour formuler une demande. Soit encore pour faire les deux à la fois. Dans sa lettre, la banque Azur transmet une information : elle communique à son client un nouveau code secret.

3. La conclusion et la formule de salutations
• Dans une conversation, on quitte son interlocuteur en le saluant : Salut ! On peut faire précéder ce salut d'un « J'espère que ça va bien se passer ». De la même façon, une lettre peut se terminer par l'expression d'un espoir suivi des salutations :
« Nous espérons que le service d'Infonet vous donne satisfaction.
Nous vous prions de recevoir, cher client, nos meilleures salutations. »
• Nombre de ces formules sont des formules figées. Autrement dit, elle ne doivent pas être modifiées. Les plus importantes sont répertoriées dans les tableaux des pages 114 et 115 du livre de l'élève.
• Dans les formules de politesse, on doit reprendre le titre de civilité du départ. Si vous avez commencé votre lettre par un « Cher client », terminez ainsi : « Je vous prie de recevoir, *cher client*, mes meilleures salutations ».
• Dans les e-mails, les formules de conclusion et de politesse sont de moins en moins formelles. Par exemple, plutôt que d'écrire « Avec mes remerciements anticipés, je vous prie d'agréer, Madame, mes salutations distinguées », on écrira : « Merci par avance. Meilleures salutations. »

Activités 2, 3, page 11

Suggestions

• Lire le texte de l'activité 2 et repérer les « mots de la banque ». Les termes introduits ici sont des termes courants : compte à découvert, rembourser, emprunter, prêter, intérêt, encaisser un chèque, etc. Insister sur les verbes « prêter » et « emprunter », souvent confondus, ainsi que sur la préposition « à » qui suit les deux verbes : on prête ***à*** quelqu'un, on emprunte ***à*** quelqu'un.

• Les étudiants font l'exercice 3 individuellement. Ils essayent ensuite de s'entendre avec un collègue de classe sur des réponses communes.
• Correction collective.

Corrigé

Alice a un ***compte*** à la banque Azur. Mais ce compte est ***à découvert***. Alice doit demander un ***crédit*** à son ***banquier***, qui accepte de lui ***accorder/prêter*** la totalité de la somme. Alice paye le scooter par ***chèque***. Le vendeur du scooter ***encaisse*** immédiatement le chèque. Alice devra ***rembourser*** en cinq ans la somme qu'elle a ***empruntée*** à la banque. Le taux d'***intérêt*** s'élève à 6 %.

Activité 4, page 11

Suggestions

• Cet exercice peut être fait en classe ou à maison. La lettre doit impérativement être écrite sur une feuille blanche, de format A4. Si c'est à la maison, le mieux est d'utiliser un ordinateur et une imprimante.

Corrigé

Proposition :

Étienne MARCEL
78, rue Chabrol
75010 PARIS

Banque AZUR
Agence Magenta
71-73, bd Magenta
75010 PARIS

Réf. : cpte 00076842

Paris, le 9 mai 2010

Objet : encaissement chèque

PJ : 1 chèque

Madame, Monsieur,

Veuillez trouver ci-joint un chèque de 3 300 euros à porter à mon compte référencé ci-dessus.

Je vous en remercie par avance.

Meilleures salutations.

➢ Point grammaire, page 11

Corrigé

1. lui – **2.** la – le – **3.** lui – **4.** le – **5.** lui – **6.** lui – **7.** lui – **8.** l' – **9.** le – **10.** l'.

Défense du consommateur (pages 12 et 13)

Objectifs

- Identifier les différents types de revenus.
- Examiner les droits du consommateur.
- Rédiger une lettre de réclamation.

➢ Point grammaire : les pronoms relatifs simples, les mots de liaison *or*, *mais*, *donc*, *en conséquence*, *sinon*.

Activité 1, page 12

Suggestions

- Les étudiants lisent la leçon du jour et font l'activité, individuellement, et sans l'aide du professeur. Ils s'entendent ensuite avec un collègue de classe sur des réponses communes.
- Avant de corriger, le professeur explique la leçon du jour, en développant certains points (voir ci-dessous « Pour votre information »).
- Correction collective de l'exercice.

Corrigé

1. Les ménages doivent d'abord satisfaire leurs besoins ***vitaux***. – **2.** Comme les consommateurs ne sont jamais satisfaits, les besoins sont ***illimités***. – **3.** Les consommateurs ne peuvent pas satisfaire tous leurs ***besoins*** car les ***biens*** sont limités. – **4.** Les besoins d'un individu ***varient*** d'un pays à l'autre.

Pour votre information

Les besoins sont illimités alors que les biens, eux, existent en quantité limitée, et nous devons faire des choix. Le rôle de l'économiste consiste précisément à nous aider à choisir. Faut-il, par exemple, construire une école OU un hôpital OU une autoroute ? L'économiste conseille le responsable politique ou le dirigeant d'entreprise. L'économie ne serait d'aucune utilité dans un monde où les biens existeraient en quantité illimitée.

Activité 2, page 12

Suggestions

- S'assurer que la situation et les consignes sont claires pour tout le monde.
- Les étudiants font l'exercice individuellement.
- Correction collective.

Corrigé

Martine dispose de ***3 000 euros*** par mois pour consommer (3 000 + 500 + 160 – 660 = 3 000). Noter que le revenu de Martine a trois origines : le salaire (revenu du travail), le loyer (revenu du capital), les allocations familiales (revenu social). Ces 3 000 euros constituent ce qu'on appelle le revenu disponible.

Pour votre information

On distingue généralement trois types de revenus :
– les revenus du travail : le salaire ;
– les revenus du capital : le loyer, les dividendes, les intérêts, etc.

– les revenus sociaux ou de transfert : les allocations familiales, les indemnités de chômage, les indemnités maladie, les pensions de retraite (dans un système dit « par répartition », où les actifs financent les revenus des retraités), etc.

Le revenu disponible est égal à l'ensemble de ces revenus auxquels il faut retrancher impôts sur le revenu et cotisations sociales. Autrement dit :

> Revenu disponible = revenus du travail + revenus du capital + revenus sociaux – (impôt sur le revenu + cotisations sociales).

Le revenu disponible est ce qui reste pour consommer. Mais une partie de ce revenu ne va pas à la consommation : il est épargné.

Activité 3, page 12

Suggestions

• Les étudiants font d'abord l'exercice individuellement. Ils s'entendent ensuite avec un collègue de classe sur des réponses communes.
• Correction collective.

Corrigé

Proposition :

1. *D'une façon générale, nous consommons de plus en plus* : globalement (d'une façon générale), c'est VRAI. Le pouvoir d'achat des consommateurs a considérablement augmenté, notamment dans les cinquante dernières années, et il continue à augmenter avec la croissance. Toutefois, on peut remarquer qu'il existe de grandes disparités d'un pays à l'autre, d'un individu à l'autre, et que, dans le monde, une large partie de la population n'a tout simplement pas les moyens de consommer.
2. *Nous avons plus de besoins aujourd'hui qu'il y a cinquante ans* : c'est VRAI car la définition économique du besoin englobe non seulement les besoins vitaux (se nourrir, se loger) mais aussi les besoins secondaires (ou de confort).
3. *Aujourd'hui, nous consommons plus de loisirs qu'il y a cinquante ans* : c'est VRAI, du moins dans les pays riches. Ce type de dépense va de pair avec l'augmentation de la richesse.
4. *Les jeunes ont plus de besoins que les personnes âgées* : globalement, c'est VRAI. Mais les jeunes ont moins de revenus. Dans les pays riches, les personnes âgées reçoivent souvent de bonnes pensions de retraites. Mais elles consomment autre chose. En fait, chaque catégorie a des besoins différents.
5. *La publicité crée des besoins et pousse à la consommation* : c'est plutôt FAUX de dire qu'elle crée des besoins, mais certainement VRAI qu'elle pousse à la consommation. Le marketing consiste pour l'entreprise à s'adapter aux besoins des consommateurs. La publicité ne crée pas directement les besoins, mais elle crée un environnement propice à la consommation.
6. *Les inégalités de revenus sont inévitables et même nécessaires* : plutôt VRAI et FAUX. De tout temps et en tout lieu, la richesse a été mal répartie. Cette inégalité semble donc inévitable. Est-elle pour autant nécessaire ? Ce qu'il faudrait, c'est une répartition des revenus la moins inégale possible.

➢ Point grammaire, page 12

Corrigé

1. où. – **2.** qui, qui. – **3.** dont. – **4.** que. – **5.** dont. – **6.** quoi. – **7.** qui. – **8.** dont. – **9.** que. – **10.** qui. – **11.** que. – **12.** où.

Activité 4, page 13

Suggestions

• Les étudiants lisent le document et font l'exercice individuellement, sans l'aide du professeur.
• Correction collective. Le professeur explique les passages du texte ou les termes qui soulèvent des difficultés.

Corrigé

1. *Le 5 mars, Hugo Léger a rencontré le responsable du magasin* : FAUX. Il a simplement vu un vendeur. – **2.** *La loi du 27 décembre 1973 concerne la publicité mensongère* : VRAI. – **3.** *Dans sa réponse, le journal conseille à Hugo Léger de poursuivre immédiatement Casseprix en justice* : FAUX. Le journal conseille à Hugo Léger d'envoyer d'abord une lettre au responsable du magasin, en le menaçant de poursuites judiciaires.

Activité 5, page 13

Suggestions

• Les étudiants répondent aux questions par groupes de deux.
• Correction collective.
• Porter la discussion sur la publicité, sur ses bienfaits et ses méfaits, sur l'influence qu'elle exerce sur le consommateur et dans la société. Les étudiants sont-ils eux-mêmes sensibles à la publicité? Qu'est-ce, pour eux, qu'une publicité mensongère? Peuvent-ils donner des exemples?

Corrigé

Proposition :
Casseprix pourrait dire :
– que la promotion était limitée dans le temps;
– que la quantité d'aspirateurs en promotion était limitée;
– que l'annonce proposait un aspirateur, pas deux (encore que ce dernier argument soit un peu « tiré par les cheveux »).
De son côté, et comme le suggère le journal, Hugo Léger peut invoquer la loi du 27 décembre 1973 pour dire que la publicité de Casseprix contenait des informations fausses. Cette publicité ne mentionnait aucune limitation de temps ou de quantité.

Activité 6, page 13

Suggestions

• Relever les mots de liaison contenus dans la lettre : *or, en conséquence, dans le cas contraire*. Des mots ou expressions, fréquents dans ce type de lettre, qui font ressortir la structure du texte. Les étudiants connaissent-ils d'autres mots de liaison?
• Remarquer l'ordre dans lequel sont présentées les idées :
1. On raconte ce qui s'est passé.
2. On explique le problème.
3. On formule la demande, et on menace.
4. On conclut et on salue.
• Étudier les tableaux et faire les exercices des pages 114 et 115 (du livre de l'élève).
• Les étudiants écrivent la lettre en commençant chaque paragraphe comme indiqué dans le modèle et en utilisant des expressions de la correspondance professionnelle. Une lettre professionnelle doit être structurée. Il ne faut pas vouloir tout dire à la fois, mais dire les choses les unes après les autres, dans un certain ordre, avec précision, et sans se répéter.

Corrigé

a. *mais* : or. – *donc* : en conséquence. – *sinon* : dans le cas contraire.
b. *Proposition :*

Hugo léger
3, impasse du Lac
56320 PRIZIAC

CASSEPRIX
67, route de Bretagne
56300 GOURIN

Priziac, le 6 mars 2010

Objet : Appareil Fuji F 802

À l'attention du responsable du magasin

Madame, Monsieur,

Dans votre annonce publicitaire parue dans le *Journal des affaires* du 3 mars, vous proposez un appareil de photographie numérique Fuji F 802 au prix de 249 euros.

Or, quand je suis passé hier dans votre magasin, cet article était vendu au prix de 395 euros. J'ai montré l'annonce au vendeur, qui m'a répondu que j'arrivais trop tard.

D'après la loi du 27 décembre 1973, la publicité ne doit pas comporter d'informations fausses.

En conséquence, je vous demande de me vendre ce produit au prix de 249 euros, comme indiqué dans votre annonce.

Dans le cas contraire, je serais contraint de poursuivre votre magasin en justice pour publicité mensongère.

Je reste dans l'attente de votre réponse.

Veuillez recevoir, Monsieur le Directeur, mes meilleures salutations.

Hugo Léger

Pour votre information

• Voici quelques mots de liaison fréquemment utilisés dans la correspondance professionnelle :
– Pour ajouter : *de plus, en outre, aussi, également*.
– Pour dire pourquoi : *en effet*.
– Pour présenter une conséquence : *donc, en conséquence, par conséquent*.
– Pour opposer des idées, des faits : *toutefois, or*.
« or » s'utilise souvent pour soutenir une démonstration en trois parties :
– 1. J'informe ;

– 2. J'introduis une concession ou une restriction avec « *or* » ;
– 3. Je fais un commentaire (*en effet,...*) ou/et je tire une conséquence (*en conséquence...*).
• Une lettre est suffisamment précise si les informations transmises permettent au destinataire d'agir sans qu'il ait besoin d'explications supplémentaires.
Dans les écrits professionnels, la précision se traduit souvent par l'indication de dates et de chiffres. *Exemple* : « Nous avons bien reçu ce jour votre facture **n° 564 du 3 mars**. » Dans la lette de Hugo Léger, notez qu'il faut préciser la date de la publication de l'annonce, la date de sa visite au magasin, la date de la loi sur la publicité mensongère, le prix de l'appareil en promotion, et le prix de ce même appareil dans le magasin.

5 Rôle de l'État (pages 14 et 15)

Objectifs

• Identifier le rôle de l'État.
• Distinguer différents types d'impôts.
• Donner son avis sur le rôle de l'État, oralement et par écrit.
➢ Point grammaire : la forme passive.

Activités 1, 2, page 14

Suggestions

• Les étudiants lisent la leçon du jour et font les activités individuellement. Ils s'entendent ensuite avec un collègue de classe sur des réponses communes.
• Une fois l'exercice 1 fait, et avant la correction, le professeur explique la leçon du jour en développant certains points (voir ci-dessous « Pour votre information »).
• Correction collective après chaque exercice.

Corrigé

Activité 1

1. L'État ***rend*** des services publics, notamment dans le domaine de l'éducation. – **2.** Il répartit les richesses en prélevant des impôts aux ***actifs*** pour donner aux retraités. – **3.** Il finance ses dépenses grâce aux ***impôts*** qu'il perçoit. – **4.** Il pratique une politique de déficit public en ***dépensant*** plus qu'il ne perçoit.

Activité 2

1. Les impôts sont les principales... – **2.** Ils sont de deux sortes... – **3.** Les impôts directs sont payés directement... – **4.** C'est le cas de l'impôt sur le revenu... – **5.** Les impôts indirects sont payés par le contribuable... – **6.** Par exemple, la taxe à la valeur ajoutée...

Pour votre information

Dans l'exercice, on distingue les impôts selon qu'ils sont versés directement ou non à l'État. Mais les impôts peuvent également être distingués selon l'assiette ou le bénéficiaire.
• L'assiette est la base de calcul de l'impôt. On distingue ainsi :
– les impôts sur le revenu : impôts sur le revenu des personnes physiques, impôts sur les bénéfices des sociétés, etc. ;
– les impôts sur le capital : impôts fonciers (que payent les propriétaires d'un bien immobilier), impôts sur la fortune (que payent les plus fortunés en fonction de la valeur de leur patrimoine), etc. ;
– les impôts sur la dépense : la TVA, qui est, comme son nom l'indique, un impôt sur la valeur ajoutée (payé par le consommateur au moment de son achat), les taxes sur l'alcool, sur l'essence, sur le tabac, etc.

• Le bénéficiaire est celui qui profite de l'impôt, et on peut alors distinguer :
– les impôts nationaux qui sont versés à l'État ;
– les impôts locaux qui sont versés aux collectivités locales (régions, communes, etc.).
Par exemple, en France :
– l'impôt sur les bénéfices des sociétés est un impôt direct, sur le revenu, national ;
– la TVA est un impôt indirect, sur la dépense, national.

Activité 3, page 14

Suggestions

• Par groupes de deux, les étudiants essayent de s'entendre sur des réponses communes.
• Correction collective.

Corrigé

Proposition :

1. *L'État doit subventionner (aider) les entreprises en difficulté.* En principe, les lois du commerce international, d'inspiration libérale, ne le permettent pas. De même, le droit de l'Union européenne interdit les aides d'État aux entreprises. Les subventions faussent la concurrence et les États n'ont pas le droit de privilégier leurs entreprises nationales au détriment des entreprises étrangères. En revanche, de nombreux secteurs sensibles, économiquement ou politiquement, sont subventionnés. C'est, par exemple, le cas de l'agriculture.
2. *Entretenir une armée.* Les pacifistes ne le jugeront pas nécessaire. Mais ils sont minoritaires.
3. *Verser des indemnités aux chômeurs.* Dans certains pays, les chômeurs peuvent recevoir une aide, à certaines conditions. Dans ces pays, le chômeur est considéré comme une victime de la conjoncture économique. Dans d'autres pays, l'État est moins riche ou moins généreux envers les chômeurs.
4. *Construire des écoles et des hôpitaux.* C'est le rôle de l'État, à moins de considérer que l'éducation et la santé ne soient pas des services publics.
5. *Se charger du transport ferroviaire.* Le transport ferroviaire doit-il être considéré comme un service public ? Un service public doit-il être nécessairement rendu par une entreprise publique (une entreprise qui appartient à l'État) ? Au Japon, le transport ferroviaire, service public, a été confié à plusieurs entreprises privées, et il fonctionne. Les Britaniques ont fait de même. En France, la SNCF (Société nationale des chemins de fer) est une entreprise publique. Les trains roulent, certes, mais ils coûtent cher au contribuable.
6. *Fixer un salaire minimum garanti.* Oui, à moins de considérer que le travail soit une marchandise comme une autre, dont le prix est fixé librement par le marché. Faut-il permettre à un employeur d'embaucher un salarié pour un salaire misérable ? Non sans augmenter les inégalités et menacer la paix sociale (montée de la criminalité).

➢ Point grammaire, page 14

Corrigé

Exercice 1.

Une phrase au passif : « Cette entreprise est subventionnée par l'État. »
Trois phrases à l'actif : « Le ministère des Finances est installé à Bercy. » : « installé » a valeur d'adjectif. « Le président s'est déplacé en métro. » « Le Conseil des ministres s'est réuni mercredi matin. » : « se déplacer » et « se réunir » sont des verbes pronominaux, au passé composé.

Exercice 2.

1. Les fonctionnaires sont payés par l'État. – **2.** Les fonctionnaires étaient payés par l'État. – **3.** Les fonctionnaires ont été payés par l'État. – **4.** Les fonctionnaires seront payés par l'État. – **5.** Les fonctionnaires vont être payés par l'État.

Exercice 3

1. Des services publics sont rendus par l'État. – **2.** La TVA est collectée par les commerçants. – **3.** Un déficit public important était prévu par les experts. – **4.** Un salaire minimum a été fixé par l'État. – **5.** La construction de cette école va être financée par l'État.

Activités 4, 5, 6, page 15

Suggestions

• Ces activités sont l'occasion de débattre du rôle de l'État, à partir des messages du forum et de ce qui a été dit au cours de la leçon. Avec l'activité 5, les étudiants débattent oralement. Avec l'activité 6, ils reprennent les éléments du débat pour exprimer leur opinion par écrit.

• Quelques questions méritent d'être soulevées : Dans quels domaines l'État doit-il intervenir ? Dans quels domaines doit-il rester à l'écart ? Les fonctionnaires sont-ils vraiment des paresseux, des incompétents, des casse-pieds, comme le prétend Clémentine ? L'État est-il efficace ? Pourquoi ne le serait-il pas ? Comment peut-il l'être ? Vit-on mieux avec moins d'État ? Les riches doivent-ils payer plus d'impôts ? Faut-il nationaliser les entreprises ? Faut-il lutter contre la mondialisation ? Quelles sont les conséquences de la mondialisation ? A-t-elle véritablement affaibli le rôle des États ? L'État fausse-t-il la concurrence en subventionnant les entreprises ? Encourage-t-il la paresse en versant des indemnités de chômage ? Etc.

Corrigé

Activité 4

Clémentine est favorable au libéralisme. Jean-Jacques est celui qui s'oppose le plus vivement au libéralisme. Juliette est la plus modérée : l'État doit certes intervenir, mais simplement comme « chef d'orchestre ». Sans l'État, dit-elle, c'est un peu le désordre. Elle veut un peu d'État, mais pas trop.

Activité 5

Message 1 : de Juliette. D'après elle, l'État est un chef d'orchestre ou un arbitre. Dans les deux cas, ce n'est pas à lui de jouer. Son rôle consiste à mettre un peu d'ordre pour éviter le désordre. – *Message 2 :* de Clémentine. – *Message 3 :* de Jean-Jacques.

Bilan de compétences (pages 16 à 19)

A. Lire (pages 16, 17)

Activités 1, 2, pages 16 et 17

Suggestions

Activité 1

• Avant de commencer, les étudiants citent des économistes qui ont marqué l'histoire et disent ce qu'ils en savent.

• Ensuite, ils font l'activité individuellement.

• Correction collective.

• Relever et définir les termes économiques contenus dans les textes : libre-échange, concurrence, libéralisme, plein-emploi, lutte des classes, loi du marché, investissement, consommation, etc.

Activité 2

• Par groupe de trois ou quatre personnes, les étudiants s'entendent sur des réponses communes. Compter au moins 20 minutes de préparation.

• Correction collective : le « groupe classe » commente, discute, se met d'accord. Les étudiants sont-ils optimistes ? Pensent-ils que les problèmes évoqués seront résolus dans l'avenir ?

Comment lire

Nombre de documents sont donnés à comprendre, avec des exercices portant sur la compréhension écrite. Ces activités de lecture portent principalement sur le sens, non sur des connaissances d'ordre linguistique.

Dans un premier temps, le professeur évitera d'expliquer ou de traduire. Il doit inciter les étudiants à entrer dans le texte, en les libérant de l'obsession, répandue, de vouloir connaître le sens de tous les mots. Après tout, ne lisons-nous pas constamment des textes contenant des mots dont nous serions bien en peine de donner le sens exact ?

Les étudiants lisent donc, sans se laisser arrêter par un mot qu'ils ne comprennent pas, et font le ou les exercices de compréhension. Certes, s'ils veulent une explication, le professeur doit répondre, mais il ne doit pas, à ce stade, centrer son enseignement sur les difficultés d'ordre purement linguistiques. « *Essayez d'abord de comprendre par vous-même, nous expliquerons ensuite* », voilà ce qu'il peut dire. Dans un second temps, au moment de la correction, il est toujours possible d'en venir aux explications, de définir les mots, d'analyser certaines structures, etc.

Si les documents proposés sont d'abord donnés à lire, et à comprendre, ils peuvent ensuite être exploités de bien d'autres façons. Car les textes ont également été choisis en fonction du thème qu'ils abordent et de l'intérêt que ce thème peut présenter pour les étudiants. Par exemple, les textes de la page 17 portent sur l'éthique dans les affaires : pollution de l'environnement, travail des enfants, corruption, pots-de-vin, etc. Autant de sujets dont la classe peut débattre et qui, espérons-le, entretiendront la motivation des étudiants. Autre exemple : page 44 (du livre de l'élève), le bilan de compétences propose la lettre de motivation d'une candidate à un emploi. C'est une activité de lecture, l'exercice évalue donc la compréhension écrite. Mais cette activité peut être prolongée par un exercice d'écriture : à partir de cette lettre modèle, les étudiants écrivent à leur tour une lettre de motivation.

Corrigé

Activité 1

Déclaration 1 : Karl Marx. – *Déclaration 2 :* Jean Monnet. – *Déclaration 3 :* Adam Smith. – *Déclaration 4 :* John Keynes.

Activité 2

Proposition :

Titres possibles :

– Les effets négatifs/les abus du capitalisme mondialisé.
– L'éthique (la morale) dans les affaires.
– Tous les moyens sont bons pour faire du profit.
– Le marché est cruel.

Problèmes soulevés : la pollution de l'environnement (les marées noires), le travail des enfants, les conditions de travail (dans les pays pauvres), le chômage, les délocalisations, la corruption dans les affaires, la mondialisation, les inégalités Nord-Sud, etc.

B. Écouter (page 18)

Suggestions

Comment écouter

La compréhension orale est une compétence prioritaire dans l'entreprise qu'il ne faudrait pas négliger. Si vos étudiants sont amenés un jour à travailler dans une entreprise francophone, ils devront impérativement comprendre ce qu'on leur dit.

Pour chacune des activités d'écoute, *Affaires.com* commence par décrire aussi simplement que possible le cadre communicatif. Ce cadre précise, guide, motive le comportement des étudiants. Il est important de préparer l'écoute, de façon à ce que les étudiants écoutent *dans un but particulier*. Cet objectif détermine dans une large mesure les significations auxquelles ils doivent prêter l'oreille et les parties du texte qui sont les plus importantes pour eux. Le cadre facilite la compréhension orale en rendant possible une attitude d'anticipation à l'égard de ce qu'il faut écouter.

Il faut donc que les étudiants lisent et comprennent parfaitement les informations et les consignes *avant d'écouter*, de façon à pouvoir prêter attention, ensuite, à l'information pertinente. À ce stade, le rôle du professeur – votre rôle – consiste à vous assurer que tout le monde a bien compris la situation et est prêt à écouter dans de bonnes conditions.

Affaires.com propose des exercices d'écoute variés : QCM (questions à choix multiples), appariements, textes à trous, questionnaires à remplir, etc. Généralement, chaque exercice met l'accent sur une compétence spécifique, globale ou sélective, de la compréhension orale.

Pour réaliser la tâche, il peut être demandé aux étudiants, selon l'exercice :
- d'identifier le contexte (les éléments de la situation), de comprendre le sens général ou les idées essentielles ;
- de comprendre la fonction du message, l'objectif de celui qui parle, ce qu'il cherche à faire. C'est un préliminaire à l'action ;
- de reconnaître un point de vue, qui peut être caché derrière l'énoncé ;
- de comprendre une information de détail, qui peut se trouver à n'importe quel endroit du message.

Bien sûr, ces activités peuvent être complétées et prolongées par d'autres exercices. Par exemple, après avoir réalisé un exercice de compréhension globale, on peut en venir aux points de détail. On peut aussi exploiter la transcription des documents de différentes façons, reprendre la communication en organisant un jeu de rôle, etc.

Corrigé

Conversation 1 : – **1.** oui – **2.** commercial – **3.** moins de 60 – **4.** cinq magasins – **5.** une paire de chaussures – **6.** non – **7.** 6 questions.
Conversation 2 : – **1.** dans un magasin – **2.** un lundi – **3.** pour un jour – **4.** 99 euros – **5.** on ne peut pas savoir – **6.** le 6 mars.

C. – Écrire (page 19)

Suggestions

Comment écrire

Affaires.com contient de nombreuses activités d'écriture. Pratiquement chaque leçon en propose, et chaque bilan de compétences contient un sujet de compréhension écrite.

Dans tous les cas, les étudiants commencent par prendre connaissance d'une situation déterminée, décrite par les textes et les documents. C'est dans le cadre et à partir de cette situation, et souvent après avoir résolu un petit cas, qu'ils doivent rédiger un texte.

Les activités d'écriture sont toujours d'ordre fonctionnel : il convient de lire, puis d'écrire dans un objectif professionnel bien identifié. C'est la réalisation de cet objectif qui compte, et elle compte au moins autant que la correction linguistique. Autrement dit, il ne suffit pas d'écrire correctement, sans faute de langue, encore faut-il apporter une réponse adéquate à la question ou au cas posés, et, si possible, sur un ton approprié.

On demande aux étudiants de rédiger des écrits professionnels : lettre d'affaires, e-mails adressés à un client ou à un fournisseur, comptes rendus de réunions, rapports, etc. L'apprentissage est progressif : des modèles sont présentés, qu'on étudie d'abord, et dont on s'inspire ensuite.

Les consignes sont précises, mais les étudiants conservent une certaine marge de créativité. Cette créativité doit pouvoir s'exprimer dans la formulation, dans le contenu, dans l'organisation des idées.

Pour votre information

Un même problème peut faire l'objet d'analyses différentes, selon le point de vue à partir duquel on se place. L'explication de l'institutrice, qui s'adresse à des enfants, est simple. Celle du consultant, qui est payé à la page, est plus complexe, etc.
Les participants à ce forum ne sont pas tous des économistes, mais les économistes eux-mêmes ont des points de vue différents. Posez une question à dix prix Nobel d'économie, et vous obtiendrez dix réponses différentes.

D. Parler (page 19)

Jouez à deux •••••

Suggestions

• On pourra également s'interroger sur les raisons de l'évolution des postes autres que celui de la santé (voir ci-dessous « Pour votre information »).
→ Voir *Comment jouer à deux*, page 12.

Corrigé

Personne A
Les dépenses de santé ont augmenté pour les trois raisons suivantes :
1. La population a beaucoup vieilli.
2. Les techniques médicales ont progressé et sont plus coûteuses.
3. Les gens se préoccupent beaucoup de leur santé.

Personne B
1. En 1950, un ménage français consacrait près de ***50%*** de son budget à ***l'habillement*** Aujourd'hui, il en consacre seulement ***5,2%***.
2. Le ***logement*** est maintenant le premier poste de la consommation des Français. Il représente ***22,8 %*** du budget d'un ménage.
3. En proportion, les dépenses de ***santé*** et de ***logement*** ont doublé depuis 1950.
4. Depuis 1950, les dépenses de transport ont constamment augmenté, elles sont passées de ***5,6%*** du budget d'un ménage en 1950, à ***13,4 %*** en 1970, et à ***16,6%*** aujourd'hui.

Pour votre information

– Pourquoi les dépenses d'habillement sont en baisse : il y une forte concurrence dans le commerce de vêtements, on importe des vêtements bon marché de pays à bas salaires, etc.
– Pourquoi les dépenses d'alimentation sont en baisse : les consommateurs sont devenus plus riches, ils achètent des produits alimentaires dans les grandes surfaces, etc.
– Pourquoi les dépenses de logement sont en hausse : les prix (de vente et de location) dans l'immobilier ont augmenté.
– Pourquoi les dépenses de transport sont en hausse : les distances entre le domicile et le travail ont augmenté, les voyages touristiques se sont développés, etc.

2 créateurs d'entreprise

Profil de créateurs (pages 20 et 21)

Objectifs

• Faire le portrait du créateur d'entreprise.
• Analyser et raconter le parcours d'un créateur d'entreprise.
➢ Point grammaire : le passé composé et l'imparfait.

Activité 1, page 20

Suggestions

• Les étudiants font l'exercice individuellement.
• Correction collective.

Corrigé

Proposition :
Simon n'a manifestement pas le profil du créateur idéal : il est très jeune, il n'a pas d'expérience professionnelle, son père est fonctionnaire, et non pas commerçant, son entourage ne l'encourage pas à créer une entreprise (son père voudrait qu'il soit fonctionnaire), peut-être manque-t-il d'indépendance (il vit encore chez ses parents) et de maturité, il est ingénieur (ne vaut-il pas mieux être un commercial ?), il ne semble pas avoir de projet précis.

Activité 2, page 20

Suggestions

• Avant de faire l'exercice, s'assurer que les étudiants comprennent bien tous les mots du questionnaire : *persévérant, cultiver, perturber, stimuler,* etc.
• Les étudiants font l'exercice individuellement, puis ils comparent leurs réponses avec un collègue de classe. S'ils sont du même pays, tous deux essayent de s'entendre sur des réponses communes.
• Correction collective : un étudiant répond à la première question, en se justifiant, puis un autre à la deuxième question, puis un troisième, etc. À chaque fois, la classe commente, précise. *Ex.* : un créateur d'entreprise doit-il être honnête ? Réaliste ou passionné ? À quoi lui servirait-il d'avoir des diplômes ? D'être cultivé (de connaître l'histoire, la littérature, les arts) ? Etc.

Corrigé

Proposition :
Les réponses dépendent en partie de l'environnement culturel, et les créateurs peuvent avoir des profils différents d'un pays à l'autre. Par exemple, dans tel pays, on ne peut rien faire sans relations alors que dans tel autre il ne serait pas indispensable d'avoir des relations, etc.

Activité 3, page 21

Suggestions

• Les étudiants font d'abord l'activité individuellement, sans l'aide du professeur.
• Correction collective.
• Sébastien Passy est un créateur français. La classe fera des comparaisons avec un créateur d'entreprise qu'ils connaissent. Quelles sont les différences ? Comment expliquer ces différences ?
→ Voir *Comment lire*, page 25.

Corrigé

Question 1 : ***L'indépendance.*** Sébastien Passy a démissionné pour devenir son propre patron.
Question 2 : ***Passionné.*** Il a réussi à transformer une passion en activité professionnelle.
Question 3 : ***Persévérant.*** Il a commencé à jouer à l'âge de 12 ans. Plus tard, quand il travaillait comme informaticien, il continuait à jouer. On prévient les trois associés que « créer une entreprise n'est pas un jeu. » Mais ils ne se découragent pas.
Question 4 : ***Les obstacles vous stimulent.*** Les associés ne se découragent pas. « Au contraire », dit le texte.
Question 5 : ***Être créatif.*** Sébastien Passy trouve des astuces (trucs) pour avancer dans les jeux vidéo. Il rassemblait ces astuces dans une disquette qu'il distribuait à ses connaissances. C'est de cette idée que naît son entreprise.
Question 6 : ***Vous commencez par étudier vous-même le problème.*** Sébastien Passy s'intéresse surtout à la technique, mais il veut aussi comprendre les aspects juridiques, financiers, commerciaux de l'affaire.

Activité 4, page 21

Corrigé

Proposition :
À titre d'exemple, voici deux textes, écrits par des étudiants.
– Simon a 33 ans. Il habite avec ses deux enfants dans la région parisienne. Il est ingénieur dans une entreprise de télécommunications. Il a beaucoup de responsabilités. Malgré le stress, il aime son travail. Il touche un salaire très confortable.
Pourtant, quand il avait 23 ans, Simon avait d'autres ambitions. Il venait de terminer ses études d'ingénieur et rêvait alors de créer sa propre entreprise. Malgré son jeune âge, malgré le désaccord de son père, Simon s'est lancé dans l'aventure. Grâce à un emprunt bancaire, il a pu créer un magazine en ligne sur le cinéma. Au début, bien sûr, ce n'était pas facile. Mais Simon ne s'est pas découragé. Il a travaillé dur. Au bout de deux ans, son magazine était l'un des plus appréciés des cinéphiles. Il a commencé à gagner un peu d'argent. Mais, à partir de la troisième année, les choses ont commencé à se gâter, principalement à cause de la concurrence, toujours plus importante, plus puissante. À la fin de cette troisième année, Simon a dû vendre son entreprise à un grand groupe pour payer ses dettes. Il ne regrette pas cette expérience : il sait maintenant combien il est difficile de créer une entreprise.
– Simon n'a pas eu le courage de créer son entreprise. Il a préféré suivre les conseils de son père. Il a passé un concours administratif et travaille maintenant au ministère des Transports. Mais Simon s'ennuie dans son travail. Il y a cinq ans, sa femme l'a quitté. Elle lui reprochait de fuir les responsabilité, et de manquer d'enthousiasme. Après le départ de sa femme, Simon passait ses soirées à regarder la télévision et à jouer aux jeux vidéo sur Internet. Le week-end, il sortait avec quelques copains célibataires. Il buvait un peu trop.
Un jour, il en a eu marre de cette vie et a commencé à suivre des cours de théâtre. Demain, il joue dans une pièce avec Laurence, une camarade du cours. Laurence lui plaît beaucoup.

➢ Point grammaire, page 21

Corrigé

Bernard et Roger ***étaient*** deux collègues de travail qui ***s'appréciaient*** beaucoup. Bernard ***avait*** l'habitude de raconter des histoires qui ***faisaient*** beaucoup rire Roger. Un jour, ils ***ont démissionné*** pour créer ensemble une entreprise. Au début, tout ***allait*** bien. Mais le 3 septembre dernier, Roger et Bernard ***se sont disputés*** violemment. Roger, qui ne ***supportait*** plus les histoires drôles de son associé, ***a préféré*** partir.

Recherche de capitaux (pages 22 et 23)

Objectifs

- Analyser et comparer différents moyens de financement de l'entreprise.
- Demander de l'argent à quelqu'un oralement (par téléphone) et par écrit (par e-mail).

➢ Point grammaire : les articles définis, indéfinis, partitifs.

Activités 1, 2, 3, 4, page 22

Suggestions

- Les étudiants lisent la leçon du jour et font les activités individuellement. Ils s'entendent ensuite avec un collègue de classe sur des réponses communes.
- Une fois l'exercice 1 fait, et avant la correction, le professeur explique la leçon du jour.
- Correction collective après chaque exercice.

Corrigé

Activité 1

1. Le créateur d'entreprise a la possibilité ***d'emprunter*** à la banque. – **2.** Les associés ***prêtent*** des capitaux à la société. – **3.** Le capital social est constitué de l'ensemble des capitaux apportés par les ***associés***. – **4.** Avec l'autofinancement, l'entreprise utilise ***les bénéfices*** pour se développer. – **5.** Grâce à l'autofinancement, l'entreprise peut ***investir*** davantage.

Activité 2

1. Un **emprunt** : les intérêts sont les revenus d'un prêt. – **2.** Un **prêt** : l'emprunteur doit rembourser un jour le capital emprunté. – **3.** Un **apport** : les capitaux apportés font partie des fonds propres de la société, ils lui appartiennent en propre. Ce ne sont pas les actionnaires qui sont propriétaires du capital social, c'est la société. – **4.** Un **apport** : grâce à cet apport, la société sera plus riche, et plus elle est riche, plus elle peut emprunter.

Activité 3

Proposition :

Le crédit-bail évite d'immobiliser des fonds, qui pourront ainsi être investis ailleurs.

Activité 4

Proposition :

1. *Le temps c'est de l'argent.* Cette maxime est illustrée par l'affirmation 1 de l'activité 2 (Un emprunt entraîne le paiement d'intérêts). Quand on perd du temps à ne rien faire, on perd aussi l'argent que l'on pourrait gagner en travaillant.

2. *On ne prête qu'aux riches.* Cette maxime est illustrée par l'affirmation 4 de l'activité 2 (Un apport permet à la société d'emprunter davantage). On prête de l'argent quand est sûr d'être remboursé, donc… à des gens qui ont déjà de l'argent.

3. *L'argent ne fait pas le bonheur.* Avoir de l'argent n'apporte qu'un bien-être matériel. On ne peut pas acheter l'amitié, l'amour, la santé, etc.

➢ Point grammaire, page 22

Corrigé

Exercice 1

Dans ***l'***entreprise Cortexte, il y a ***un*** grand bureau. En ce moment, dans ***le*** grand bureau, il y a ***un*** homme qui dort. C'est ***le*** patron de l'entreprise Cortexte. Il est fatigué.

Exercice 2

1. Alice a ***des*** dettes parce qu'elle a contracté ***un*** emprunt de 3 000 euros à ***la*** banque Azur. – **2.** On dit que Roger a ***de*** l'argent sur ***un*** compte bancaire dans une banque suisse. – **3.** Pour réussir dans ***les*** affaires, il faut de ***l'***intuition, ***des*** relations, ***du*** courage, ***de la*** chance. – **4.** Avec ***un*** endettement de deux millions d'euros, ***l'***entreprise Cortexte connaît actuellement ***des*** difficultés financières importantes.

Activité 5, 6, page 23

Suggestions
- Les étudiants font les exercices individuellement.
- Correction collective.

Corrigé

Activité 5

Capitaux apportés : 50 000. – Emprunts : 40 000 (10 000 + 30 000). – Investissement total : 90 000.

Activité 6

Proposition :
Sandrine a pu financer ces investissements en ayant recours :
– à l'autofinancement,
– ou/et au crédit-bail,
Elle a pu aussi trouver un(e) associé(e), qui a apporté du capital.

Activité 7, page 23

Suggestions
- Les étudiants écoutent, livre fermé.
- Ils font l'exercice, à partir de la seule écoute.
- Correction collective.
- Deux étudiants lisent le dialogue, chacun jouant un rôle.
- On vérifie les réponses.

Corrigé

1. *Romain envisage de créer un restaurant* : FAUX (il veut créer un hôtel). – **2.** *Il prête 8 000 euros à Sandrine* : FAUX (il emprunte à Sandrine). – **3.** *Il a déjà emprunté à la banque* : VRAI (il a obtenu un crédit de la banque). – **4.** *Il demande à Sandrine de devenir son associée* : FAUX (Sandrine devient la créancière).

Activité 8, page 23

Suggestions
- Les étudiants font l'exercice individuellement.
- Correction collective.

Corrigé

Proposition :
Sandrine : Restaurant Le Galibot, bonjour.
Romain : Bonjour, c'est Sandrine ?
Sandrine : Oui, oui, ***c'est elle-même***.
[...]
Sandrine : Tu as trouvé l'argent ?
Romain : J'ai obtenu un crédit de la banque, ***mais ce n'est pas suffisant***, et c'est...
[...]
Sandrine : Quand est-ce que tu ouvres ?
Romain : Dans un mois, ***j'espère***, quand les travaux seront terminés.

[...]
Romain : Tu es formidable, merci.
Sandrine : ***Il n'y a pas de quoi***. À la prochaine, alors.
Romain : Au revoir, ***et merci encore***.

Activité 9, page 23

Suggestions
• Les étudiants écrivent l'e-mail à la maison.

Corrigé

Proposition :

> **De :** Romain
> **À :** Sandrine
> **Objet :**
>
> Ma chère Sandrine,
> Comment vont les affaires ? Quant à moi, j'arrive au bout du tunnel. Mon hôtel va finalement ouvrir dans un mois. Il me reste trois chambres à rénover.
> Le problème du financement est à en partie résolu. En partie seulement. J'ai obtenu un prêt de la banque, mais ce n'est pas tout à fait suffisant.
> C'est justement pour cette raison que je t'écris : pour te demander de me prêter 8 000 euros. Pourrais-tu me rendre ce service ? Je pourrai te rembourser dans six mois. Étant donné notre longue amitié, tu sais que tu peux me faire confiance.
> J'attends ta réponse avec impatience.
> Amitiés.
> Romain

3 Lieu d'implantation (pages 24 et 25)

Objectifs

• Décrire un local à usage professionnel (boutique, bureau, etc.).
• Écrire efficacement : les différentes techniques d'expression.
• Examiner une offre de location, y répondre (par téléphone, par e-mail).
• Échanger des informations sur un local professionnel, choisir le local approprié.
➢ Point grammaire : les indicateurs de temps.

Activité 1, page 24

Suggestions
• Les étudiants lisent la leçon du jour et font l'exercice individuellement, sans l'aide du professeur.
• Le professeur explique la leçon du jour, en développant certains points (voir ci-dessous « Pour votre information »).
• Correction collective.

Corrigé

1. le 5 octobre (il faut être précis). – **2.** femme de ménage (il faut employer des mots courants). – **3.** de trois semaines (il faut être concis, c'est-à-dire s'exprimer en peu de mots, en évitant les pléonasmes).

Pour votre information

Écrits professionnels : l'efficacité d'abord

Il faut insister sur ce mot : efficacité. Un responsable d'entreprise n'écrit pas pour le simple plaisir d'écrire. Il veut transmettre une information, ou formuler une demande. Le but est d'*amener l'autre à agir*. Pour écrire efficacement, voici quelques conseils :

1. Soyez précis, mais ne vous perdez pas dans les détails. Si vous invitez quelqu'un à une réunion, n'oubliez pas de lui préciser l'objet de la réunion, ni de lui dire que ladite réunion aura lieu à tel endroit, à telle heure, etc. Donnez-lui tous les détails. Mais attention : il ne faut donner que des informations utiles, une seule fois, en un minimum de mots. Les mots inutiles, les répétitions encombrent et brouillent le message.

2. Écrivez simplement. Appelez un chat un chat, écrivez des mots courts, des phrases courtes, des mots courants pour faire comprendre, des mots concrets pour faire voir, évitez le jargon, l'abstraction, préférez la voix active à la voix passive, bref, parlez au lecteur et parlez-lui personnellement. Certains disent qu'on « n'écrit pas comme on parle », mais au contraire, il faut tirer l'écrit vers la parole. Il n'y a aucune honte à être compris du premier coup.

Activité 2, page 24

Suggestions

- Les étudiants font l'exercice par groupes de deux.
- Correction collective.

Corrigé

Exercice b

Proposition :

Les informations et mots inutiles sont très nombreux. Exemples :

– « *Je vous écris pour vous dire que…* » : dans une lettre française, on n'écrit pas qu'on écrit.

– « … *que vous nous avez gentiment envoyées* » : dans un courrier professionnel, les marques d'affection sont inutiles.

– « *Comme mon associé est en voyage en Italie jusqu'à vendredi* » : cette précision ne regarde pas le correspondant.

– « *Nous prendrons donc le train lundi prochain, à 7 h 07, à la gare du Nord de Paris.* » Le moyen de locomotion, le lieu et le moment du départ n'intéressent pas le correspondant. Il suffit de donner le lieu et l'heure du rendez-vous.

– « *Il va sans dire que nous devrons repartir pour Paris en fin de matinée, car nous avons beaucoup de travail.* » Jeanne Valette a sans doute raison de préciser que son collègue et elle-même devront repartir en fin de matinée. Le correspondant sait ainsi qu'il devra organiser les visites pendant la matinée. Mais les autres informations sont inutiles.

Exercice c.

Phrase la plus importante : « *Nous vous proposons de vous rencontrer… à 9 heures.* »

Activité 3, page 24

Suggestions

- Les étudiants écrivent le texte individuellement.
- Cette activité peut être prolongée de la façon suivante : les étudiants travaillent par groupes de deux. Chacun rédige un message de 30 mots environ sur un sujet de son choix et le remet à un collègue de classe. Celui-ci est chargé de le résumer par écrit en 15 mots environ. Ensuite on compare les deux messages et on se demande si les informations perdues sont réellement importantes.

Corrigé

Proposition :

> **Objet : RE :** location de boutique
>
> Madame,
> Mon associé et moi-même avons étudié vos trois propositions de locaux.
> Nous souhaiterions visiter ces trois locaux.
> Nous vous proposons de vous rencontrer à votre agence, le 22 octobre, à 9 heures. Nous devrons repartir pour Paris en fin de matinée.
> Nous restons dans l'attente de votre réponse.
> Bien à vous,
> Jeanne Valette

➢ Point grammaire, page 24

1. Le bureau ferme ***à*** midi. – **2.** Il n'est jamais là ***le*** soir. – **3.** Je l'ai appelé ***il y a*** trois jours. – **4.** Il travaille ici ***depuis*** hier.

Activité 4, page 25

Suggestions

- Expliquer certains termes de l'annonce : *superficie, plafond, m^2 (mètre carré), etc.*
- Les étudiants répondent aux questions individuellement.
- Correction collective.

Corrigé

1. Le bureau à louer se trouve à Paris, dans le 15e arrondissement. – **2.** Superficie : 40 m^2 – **3.** On ne sait pas si le bureau est en bon état (la qualité ne renvoie pas seulement à l'état du bureau, mais à un ensemble de caractéristiques comme l'état et le style de l'immeuble, le quartier, la superficie du bureau, etc.). On ne sait pas non plus s'il est clair (le fait qu'il soit au 3e étage ne permet pas de déduire qu'il est clair). Il ne donne pas sur une rue, mais sur une cour. – **4.** L'immeuble a au moins trois étages et il y a un ascenseur. L'annonce ne dit pas combien il y a d'étages. – **5.** Prix du loyer au m^2 : 50 euros (2000 : 40).

Activité 5, page 25

Suggestions

- Les étudiants écoutent, livre fermé.
- On répond à la question, à partir de la seule écoute.
- Deux étudiants lisent le dialogue, chacun jouant un rôle.
- On vérifie et on complète les réponses.
- Livre fermé, les étudiants jouent l'entretien à deux.

Corrigé

Jules Corbeau veut louer un bureau spacieux, situé près de la tour Eiffel, dans un immeuble de standing (de luxe), pour un loyer maximal de 2 000 euros.

Activité 6, page 25

Suggestions

- Les étudiants écrivent les quatre e-mails à la maison.

Corrigé

Proposition :

Exercice a

De : Jules Corbeau
À : Emma Leroy
Objet : Bureau NJ 00998

Bonjour,
Sur votre site Internet, et sous la référence NJ 00998, vous proposez à la location un bureau de 40 m², situé dans le 15e arrondissement de Paris. Serait-il possible de le visiter ?
Meilleures salutations.
Jules Corbeau

Exercice b

De : Emma Leroy
À : Jules Corbeau
Objet : RE : Bureau NJ 00998

Monsieur,
Je vous remercie de l'intérêt que vous portez à notre offre de bureaux.
Malheureusement, le bureau qui vous intéresse vient de trouver un locataire.
Toutefois, nous avons d'autres locaux à vous proposer.
Si vous me précisez les caractéristiques du bureau qui vous intéresse, je vous contacterai dès que j'aurai trouvé le produit qui vous convient.
Veuillez recevoir, Monsieur, mes salutations dévouées.
Emma Leroy

Exercice c

De : Jules Corbeau
À : Emma Leroy
Objet : RE : Bureau NJ 00998

Bonjour,
Je suis à la recherche d'un bureau spacieux, situé dans un immeuble de standing, près de la tour Eiffel. Je souhaiterais payer un loyer maximal de 2 000 euros.
Meilleures salutations.
Jules Corbeau

Exercice d

De : Emma Leroy
À : Jules Corbeau
Objet : RE : Bureau NJ 00998

J'ai pris bonne note de votre demande et je vous contacterai dans la semaine.
Salutations dévouées.
Emma Leroy

Jouez à deux, page 25 •••••

Suggestions

- Le jeu dure environ un quart d'heure.
- Correction collective. La classe débat sur le choix du meilleur local. Le professeur anime la discussion et ne donne son avis qu'à la fin.

Corrigé

Proposition :

	Local 1	Local 2
Emplacement	200 mètres de Notre-Dame	15e arrondissement.
Environnement	Nombreux restaurants dans le quartier, un restaurant Mac Donald à 50 mètres, un salon de thé à 30 mètres, une pâtisserie à 10 mètres. Rue bruyante.	Quartier résidentiel. Petite rue calme, près de la Seine, où se trouvent un restaurant gastronomique, un théâtre et un petit musée.
Superficie	48 m^2	72 m^2
Cuisine	11 m^2	20 m^2
Loyer	3 100 euros/mois	1 750 euros/mois.
Observations	Travaux importants à prévoir.	Cuisine bien équipée. Excellent état.

Aucun des deux locaux ne correspond exactement à ce que recherchent Charlotte et Émilie. Toutefois, quitte à choisir, il faut choisir le local 1. Bien qu'il soit petit et cher, son emplacement, très touristique, est idéal. Au départ, il faudra investir beaucoup d'argent. Mais à terme, cet investissement peut devenir rentable. Il ne faut pas avoir peur de la concurrence. Au contraire. Le fait qu'il y ait de nombreux restaurants à proximité est plutôt bon signe : c'est dans cette rue que les clients viendront pour se restaurer. Et si le produit (les tartes) est bon, s'il est original par rapport aux produits de la concurrence, le restaurant de Charlotte et d'Émilie ne désemplira pas. Les clients attirent les clients. Le local 2 est spacieux, mais à quoi sert l'espace s'il n'y a pas de clients ?

4 Choix de société (pages 26 et 27)

Objectifs

- Examiner les principales caractéristiques de la SARL et de la SA (droit français).
- Compléter des statuts.
- Échanger des informations (oralement) et choisir une forme juridique adaptée.

➢ Point grammaire : les pronoms *y* et *en*.

Activité 1, page 26

Suggestions

- Présenter le tableau de la page 26, qui tient lieu de « leçon du jour ». Faire « une explication de texte », en insistant sur les termes en gras (voir ci-dessous « Pour votre information »).
- Ensuite, les étudiants font l'exercice individuellement.
- Correction collective.
- Comparer le droit français des sociétés au droit du pays des étudiants. S'il y a des juristes parmi les étudiants, cet exercice les intéressera particulièrement. Quel seraient, dans leur pays, les formes juridiques les plus proches de la SA et de la SARL ?

Corrigé

1. *Elle convient bien aux petites entreprises* : SARL. Le montant du capital minimal exigé est seulement de 1 euro, et la constitution de la société ne requiert que deux associés. – **2.** *Il est nécessaire de déposer d'un capital minimum* : SA – **3.** *Elle peut employer plus de 50 salariés* : SARL et SA. Attention : il ne faut pas confondre salariés et associés. – **4.** *Les associés peuvent apporter un bien en nature à la société* : SARL et SA. – **5.** *Elle est parfois cotée en Bourse* : SA. Seules quelques grandes sociétés anonymes sont cotées en bourse. – **6.** *En cas de faillite... leur apport* : SARL et SA. Créer une société permet précisément de limiter les risques. Si la société a des dettes, c'est à la société de rembourser, pas aux associés.

Pour votre information

• ***Personne physique et personne morale***

Le nouvel entrepreneur peut exercer le commerce en son nom propre, en tant que personne physique (individu). Les petits commerçants exercent souvent leur activité en leur nom.

Le nouvel entrepreneur peut aussi créer une société. Dans ce cas, c'est la société, personne morale, qui exerce le commerce. Tout comme un individu, cette société a un nom (une raison sociale), un domicile (un siège social), elle possède des biens, elle a des dettes, etc.

• Qu'est-ce qu'une société ?

La société est un contrat qui fait naître une personne morale.

Autrement dit, c'est :

– un accord entre plusieurs personnes (les associés),

– qui a pour conséquence de faire naître une personne (à la vie juridique).

Dans le cas de la société commerciale, les associés s'entendent pour mettre quelque chose en commun et pour partager les bénéfices ou les pertes qui pourront résulter de l'activité de la société.

• ***Sociétés de personnes et sociétés de capitaux***

On distingue généralement deux types de sociétés commerciales : les sociétés de personnes et les sociétés de capitaux (ou par actions).

Dans les premières, les associés se connaissent et c'est pour cette raison, en considération de la personne, qu'ils choisissent de s'unir pour faire des affaires. Cette importance donnée à la personnalité des associés a des conséquences. Ainsi celui qui veut céder sa part (pour quitter la société) doit-il obtenir le consentement de tous les autres associés. Souvent aussi, dans ce type de société, les associés sont responsables personnellement, sur leurs biens, des dettes de la société. C'est le cas, en France, de la société en nom collectif.

Dans les sociétés de capitaux, en revanche, la personnalité de l'associé est indifférente. Ce qui compte, c'est le capital qu'on apporte. En contrepartie de cet apport, l'associé, qu'on appelle actionnaire, reçoit des actions, qu'il peut céder à tout moment, sans demander l'autorisation des autres associés. C'est le cas, en France, de la société anonyme.

La société à responsabilité limitée est entre les deux : elle emprunte des caractéristiques à la fois des sociétés de personnes et des sociétés de capitaux. Par exemple, pour céder ses parts, un associé doit certes obtenir l'autorisation des autres associés, mais seulement de la majorité d'entre eux.

Activités 2, 3, page 27

Suggestions

- Les étudiants font les exercices par groupes de deux.
- Correction collective.

Corrigé

Activité 2

a.

Questionnaire

a. *Forme juridique :* Société anonyme
b. *Dénomination sociale :* Établissements Avix
c. *Objet social :* fabrication de matériel électrique
d. *Nombre d'associés :* 12 actionnaires (P-DG + banque Azur + 10 autres actionnaires)
e. *Montant du capital social :* 150 000 euros.
f. *P-DG :* M. Delors
g. *Conseil d'administration :* oui (puisqu'il y a un P-DG, il y a nécessairement un conseil d'administration).

b. Avix n'est pas côtée en Bourse : une société de 12 actionnaires et au capital de 150 000 euros ne peut pas être côté en Bourse.

Activité 3

Exercice a

Questionnaire

a. *Forme juridique :* Société à responsabilité limitée
b. *Dénomination sociale :* Tendance
c. *Objet social :* exploitation d'un salon de coiffure
d. *Nombre d'actionnaires :* 3 (Gabrielle et ses deux amis)
e. *Montant du capital social :* 30 000 + (10 000 x 2) = 50 000 (Attention : le prêt ne fait pas partie du capital social).
f. *Gérante :* Gabrielle
g. *Conseil d'administration :* non (il n'y pas de conseil d'administration dans une SARL).

Exercice b

Depuis que Gabrielle a apporté le salon de coiffure à la société, elle n'en est plus propriétaire. C'est la SARL *Tendance* qui est propriétaire.

Exercice c

Statuts (extraits) de la société *Tendance*

Art. 1. – Objet : La société a pour objet l'exploitation d'un **salon de coiffure**.
Art. 2. – Dénomination sociale : **Tendance**.
Art. 3. – Siège social : Le siège social est établi à **Pontivy, 34 place de la République**.
Art. 7. – Capital social : Le capital social est fixé à la somme de **50 000 euros** et divisé en cinq cents parts sociales de **100 euros** chacune.

Exercice d

Gabrielle détient 300 parts. Chacune de ses amies en détient 100.

Jouez à deux, page 27 •••••

Suggestions

→ Voir *Comment jouer à deux*, page 12.

Corrigé

Personne A

Que choisissez-vous ? SARL. Pour deux raisons :

1. Le capital minimal exigé est peu élevé.

2. Le fonctionnement de la SARL est simple. Pendant la vie de la société, les formalités juridiques et comptables sont peu nombreuses. Ce qui n'est pas le cas de la SA.

Pour votre information

La gestion d'une SA est relativement lourde. *Ex.* : les actionnaires sont obligés de convoquer un commissaire aux comptes (expert comptable chargé de vérifier les comptes) aux assemblées générales ; pour certaines décisions, ils doivent réunir le conseil d'administration, dresser un procès-verbal ; etc.

➢ Point grammaire, page 27

Corrigé

L'année dernière, les deux associées de Gabrielle sont parties à Paris – et elles ***y*** sont encore. Elles ***y*** ont créé un autre salon de coiffure pour femmes. Comme Tendance, c'est une SARL. Elles ***en*** sont les deux seules associées.

Formalités de création (pages 28 et 29)

Objectifs

- Découvrir les principales formalités de création d'une entreprise en France.
- Corriger l'orthographe et le contenu d'un e-mail.
- Porter des appréciations par écrit (sur les formalités de création).

➢ Point grammaire : orthographe de certains verbes au présent : *appeler, manger, commencer,* etc.

Activités 1, 2, 3, pages 28 et 29

Suggestions

- Les étudiants font les exercices individuellement.
- Correction collective après chaque exercice.

Corrigé

Activité 1

Proposition :

Brigitte a connu quelques désagréments :

– Le banquier, très méfiant, lui a posé beaucoup de questions indiscrètes : quel était son niveau d'études, ce que faisaient ses parents, quel était le chiffre d'affaires de son ancienne entreprise, quels étaient ses clients.

– Elle a dû payer 120 euros pour la publication de l'annonce. « *C'est cher* », a-t-elle pensé.

– Les formulaires n'étaient pas faciles à remplir : certaines parties étaient incompréhensibles.

– L'employé du CFE n'était pas très aimable.

Activité 2
Brigitte a dit :
– « *Je vous dois combien ?* » à l'employé des *Petites Affiches* (étape 3).
– « *Vous pourriez me donner un coup de main ?* », à l'employé peu aimable du CFE (étape 4).
– « *Ils ont leur propre entreprise* », en réponse à la question de l'employé de banque lui demandant ce que font ses parents (étape 2).

Activité 3
a. Arnaud veut ouvrir une boutique de vêtements. Il demande à Brigitte de lui expliquer quelles sont les formalités à accomplir. Il s'adresse à elle parce qu'il a appris qu'elle avait créé une entreprise et parce qu'elle a donc une certaine expérience.
b. Arnaud pourrait trouver toutes les informations sur Internet, comme l'a fait Brigitte.

Activités 4, 5, page 29

Suggestions
- Les étudiants font d'abord les exercices individuellement. Ils s'entendent ensuite avec un collègue de classe sur des réponses communes. Attention : pour l'activité 4, il ne s'agit pas d'améliorer le style, mais simplement de corriger les fautes d'orthographe.
- Correction collective après chaque exercice.
- Dictée : le professeur dicte l'e-mail (avec les informations exactes).

Corrigé

Activité 4

De : Brigitte
À : Arnaud
Objet : RE : formalités de création

Bonjour, Arnaud,
En bref, tu dois ***commencer*** par rédiger les statuts de ta société (avec ton ou tes associés). Ensuite, il faudra immatriculer la ***société*** au Centre de formalités des entreprises. Pour cela, tu dois ***déposer*** une ***demande*** d'installation au Centre de formalités des entreprises. À cette demande, il faut joindre un certain nombre de documents : statuts de la société, attestation de l'ouverture d'un ***compte*** bancaire, attestation de la publication du ***chiffre*** d'affaires dans un journal d'annonces légales, etc. Pour réunir toutes ***ces*** pièces, il faut aller à la banque, à un journal d'annonces légales, etc. Une fois que tu ***as rassemblé*** toutes ces pièces, tu les déposes au CFE.
Tu devras encore remplir ***plusieurs*** statuts.
Tu trouveras des renseignements ***complémentaires*** sur le site Internet du CFE, mais n'hésite pas à me ***contacter*** si tu as des ***questions***.
En tout cas, tu dois savoir qu'un chef d'entreprise a ***beaucoup*** de travail et de soucis, et peu de temps pour dormir. ***Prépare***-toi !
Amitiés,
Brigitte

Activité 5
Il faut immatriculer la société au Registre du commerce et des sociétés, et ***non pas au Centre de formalités des entreprises***.
Il faut déposer une demande d'immatriculation, et ***non pas une demande d'installation***, au Centre de formalités des entreprises.
Il faut joindre une attestation de la publication d'une annonce, et ***non pas du chiffre d'affaires***, dans un journal d'annonces légales.
Au CFE, il faut remplir plusieurs formulaires, et ***non pas plusieurs statuts***.

Pour votre information

On devrait apporter autant de soin à rédiger un e-mail qu'une lettre. Or c'est rarement le cas. Généralement, les e-mails sont écrits à la va-vite et envoyés sans être relus. Rares sont ceux qui ne contiennent pas d'erreur et en particulier de fautes d'orthographe. L'e-mail de Brigitte est donc assez représentatif.

Activité 6, page 29

Suggestions

• Travail individuel, à faire à la maison : les étudiants récrivent l'e-mail, en ajoutant les commentaires.

Corrigé

Proposition :

De : Brigitte
À : Arnaud
Objet : RE : formalités de création

Bonjour, Arnaud,
[...] il faut joindre un certain nombre de documents : statuts de la société, attestation de l'ouverture d'un compte bancaire, attestation de la publication du chiffre d'affaires dans un journal d'annonces légales, etc. ***Les banquiers sont très méfiants, ils posent des tas de questions indiscrètes, et parfois sans rapport avec ce que tu demandes. Par exemple, mon banquier m'a demandé quel était mon niveau d'études, ce que faisaient mes parents, quel était le chiffre d'affaires de mon ancienne entreprise, quels étaient mes clients, etc.*** Pour réunir toutes ces pièces, il faut aller à la banque, à un journal d'annonces légales, etc. ***La publication de l'annonce te coûtera assez cher : 120 euros.*** Une fois que tu as rassemblé toutes ces pièces, tu les déposes au CFE. Tu devras encore remplir plusieurs formulaires, ***et ils ne sont pas faciles à remplir : certaines parties sont incompréhensibles.***
Tu peux demander de l'aide à un employé du CFE, mais je te préviens, ils ne sont pas toujours très aimables. De plus, en arrivant au CFP, tu dois prendre un numéro d'appel et attendre d'être appelé. Il faut t'armer de patience. J'ai dû attendre près de trois heures dans une salle glaciale. Le lendemain, j'étais au lit avec une bonne grippe.

➢ Point grammaire, page 29

Corrigé

1. Nous commen**çons** à 9 heures.
2. Nous man**geons** à midi pile.
3. Vous rapp**elez**-vous son nom ?
4. Elle s'app**elle** Brigitte.
5. Elle ach**ète** un journal.
6. J'esp**ère** que tu réussiras.

Bilan de compétences (pages 30 à 33)

A. Lire (page 30 et 31)

Activités 1, 2, 3, pages 30 et 31

Suggestions

- Activité 1 : les étudiants s'entendent par groupes de deux sur une réponse commune.
- Activités 2 et 3 : à faire individuellement.
- Correction collective.

Corrigé

Activité 1

Proposition :

Seule la phrase 3 résume, en l'englobant, la totalité du texte. Elle récapitule en effet l'un et l'autre paragraphes du texte : le premier paragraphe concerne la présentation et le deuxième le contenu.
Les phrases 1, 2, 5 sont des résumés partiels. Elles ne font référence qu'à une partie du texte : la phrase 1 résume le premier paragraphe et laisse le deuxième à l'écart; la phrase 2 reprend seulement une idée du texte (« Donnez-leur envie de lire votre business plan »), tout comme la phrase 5 (« Sachez concilier soin du détail et concision »).
Quant à la phrase 4, elle est inexacte : au contraire, il faut donner des détails (tout en restant concis, c'est-à-dire en utilisant peu de mots).

Activité 2

1. Nom de la société : ***Infotique***
2. Type de société : ***SARL***
3. Date de la rédaction des statuts : ***18 mai 2010***
4. Siège social : ***182 rue Colbert, Lille***
5. Objet : ***conseil et formation dans les domaines de l'informatique et du multimédia***
6. Durée de vie : ***99 ans***
7. Montant du capital : ***37 000 euros***
8. Montant d'une part sociale : ***37 euros***
9. Dirigeant : ***Brigitte Lafarge, gérante***
10. Lieu d'immatriculation : ***Registre du commerce et des sociétés de Lille***

Activité 3

4. Nous vous conseillons dans pratiquement tous les domaines (« Nous vous conseillons aussi bien sur les plans juridique que financier, comptable, stratégique, commercial et marketing. »). – **1.** Créer une entreprise est une aventure risquée (« La création d'entreprise est un projet risqué. »). – **7.** Vous pouvez nous contacter par courrier électronique ou par téléphone (« Vous pouvez envoyer un e-mail à… »). – **3.** Il n'est pas suffisant d'avoir une idée pour réussir (« Avoir une idée ne suffit pas. »). – **2.** Les échecs sont dus à plusieurs raisons (« L'expérience montre qu'il existe trois causes d'échec. »). – **5.** Nous vous disons si votre projet est réalisable (« l'appréciation de sa faisabilité »). – **6.** Nous pouvons vous fournir une estimation de prix de notre prestation (« Cette prestation de conseil est exclusivement réalisée sur devis. »).

B. Écouter (page 32)

Activités 1, 2, page 32

Suggestions

- Pour l'activité 2, il est important de laisser aux étudiants le temps de lire attentivement le texte, avant qu'ils n'écoutent, de façon à ce qu'ils puissent anticiper les réponses. Peuvent-ils déjà, avant l'écoute, deviner certaines mentions manquantes ?

• Faire écouter deux fois.
• Correction collective.
→ Voir *Comment écouter*, page 25.

Corrigé

Activité 1

Mme A. : 2. Le manque de capitaux. – M. B. : 5. La conjoncture économique. – Mme C. : 1. Le manque de relations. – M. D. : 4. Les obligations familiales. – Mme E. : 3. Le manque d'expérience.

Activité 2

1. mécanique. – **2.** études. – **3.** l'intuition. – **4.** 13 %. – **5.** 12. – **6.** fortune. – **7.** l'automobile. – **8.** courses. – **9.** mort. – **10.** diversifie. – **11.** moteur. – **12.** l'aviation. – **13.** guerre. – **14.** prison. – **15.** 1944.

C. – Écrire (page 33)

Suggestions

• Cet exercice d'écriture est aussi un exercice de lecture. Faire lire d'abord les articles du code du travail et demander aux étudiants de reformuler.
Voici une proposition de reformulation :
– Art. L. 122-32-12 : Un salarié peut prendre un congé d'un an pour créer une entreprise.
– Art. L. 122-32-13 : Pour avoir droit à ce congé, il faut avoir travaillé au moins trois ans dans l'entreprise.
– Art. L. 122-32-14 : Trois mois avant son départ, le salarié doit envoyer une lettre recommandée avec accusé de réception à son employeur pour l'informer de la durée de son congé. Dans cette lettre, il doit préciser l'activité de l'entreprise qu'il a l'intention de créer.
• Les étudiants complètent la lettre individuellement.
• Correction collective.

Corrigé

Proposition :

Nom et adresse du salarié

Société Lauréade
63, rue Voltaire
93700 Drancy

Lieu, date*

Objet : **congé pour création d'entreprise**

Lettre **recommandée** avec **accusé de réception**

Monsieur le Directeur,

Je vous informe que je souhaite bénéficier d'un **congé** d'un **an** à compter du **1er septembre 2010** pour créer une **entreprise**, conformément aux dispositions des articles L 122-32-12 et suivants du **code** du travail.

En effet, je souhaite depuis longtemps ouvrir **une boulangerie** dans mon village et une opportunité s'offre aujourd'hui à moi **pour réaliser/concrétiser** ce projet.

Je vous précise que je remplis les conditions d'**ancienneté** requises puisque **je travaille** depuis plus de **trois ans** dans **votre entrepris**e.

Veuillez recevoir, **Monsieur le Directeur, mes salutations respectueuses**.

Signature
Nom

* au moins 3 mois avant le 1er septembre 2010.

Pour votre information

Voici le texte intégral des articles du code du travail dont il est fait mention dans cet exercice. (Loi n° 84-4 du 3 janvier 1984)

Art. L. 122-32. 12 – Le salarié a droit, dans les conditions fixées à la présente section, à un congé pour la création d'entreprise s'il se propose de créer ou de reprendre une entreprise, au sens du 1° de l'article L.351-24 du présent code.

La durée de ce congé, pendant lequel le contrat de travail est suspendu, est fixée à un an. Elle peut être portée à deux ans dans les conditions fixées à l'article L. 122-32-14.

Art. L. 122-32. 13 – Le droit au congé pour la création d'entreprise est ouvert au salarié qui, à la date de départ en congé, justifie d'une ancienneté dans l'entreprise d'au moins trente-six mois, consécutifs ou non.

Art. L. 122-32. 14 – Le salarié informe son employeur, par lettre recommandée avec demande d'avis de réception, au moins trois mois à l'avance, de la date de départ qu'il a choisie, ainsi que de la durée envisagée de ce congé.

Il précise l'activité de l'entreprise qu'il prévoit de créer ou de reprendre.

Dans le cas où la durée du congé est portée à deux ans, le salarié en informe son employeur, par lettre recommandée avec demande d'avis de réception, au moins trois mois avant le terme de la première année de congé.

D. Parler (page 33)

Jouez à deux •••••

Suggestions

→ Voir *Comment jouer à deux*, page 12.

Corrigé

Personne A

1. 120. – **2.** 15. – **3.** communiste clandestine. – **4.** village de vacances. – **5.** sports de mer. – **6.** s'associent.

Personne B

1. belge. – **2.** 400 mètres de natation (dos). – **3.** matériel de camping. – **4.** d'argent. – **5.** le théâtre. – **6.** journaliste. – **7.** tourisme de masse.

3 ressources humaines

Contrat de travail (pages 34 et 35)

Objectifs

• Analyser le contenu d'un contrat de travail.
• Définir les obligations du salarié et de l'employeur.
• Remplir un questionnaire d'embauche.
➢ Point grammaire : les pronoms relatifs composés.

Activités 1, 2, page 34

Suggestions

• Les étudiants lisent la leçon du jour et font l'activité 1 individuellement.
• Le professeur explique la leçon du jour, en développant certains points (voir ci-dessous « Pour votre information »).
• Correction collective de l'activité 1.
• Les étudiants font ensuite l'activité 2 individuellement.
• Correction collective de l'activité 2.

Corrigé

Activité 1

1. Pendant la ***période d'essai***, les parties [...]. – **2.** Si le contrat est à durée ***déterminée***, il prend fin [...]. – **3.** En France, la ***durée*** légale du travail [...]. – **4.** [...] les salariés occupent des ***postes*** [...]. – **5.** [...] leurs ***obligations*** : l'employeur doit payer le ***salaire*** convenu, le salarié doit exécuter le travail sous ***l'autorité*** de l'employeur.

Activité 2

Payer le loyer et partager les bénéfices ne sont pas des obligations du salarié. C'est l'employeur, locataire des locaux professionnel, qui paie le loyer. Ce sont les associés, porteurs de parts (dans la SARL) ou actionnaires (dans la SA), qui se partagent les bénéfices.

Pour votre information

• Preuve du contrat de travail

En droit français :
– le contrat de travail peut être oral ou écrit (lettre d'engagement, par exemple) ;
– l'employeur doit remettre un bulletin de salaire au salarié au moment de lui verser le salaire, généralement à la fin du mois. Le bulletin de salaire est un décompte détaillé des divers éléments de la rémunération : nom du salarié, nom et adresse de l'employeur, poste occupé par le salarié, montant des primes, montant des cotisations sociales payées par l'employer aux administrations de la Sécurité sociale, période de travail prise en compte, nombre d'heures de travail effectuées (normales et supplémentaires), etc. Le bulletin de salaire est une preuve écrite du contrat de travail.

• Salarié vacataire et salarié mensualisé

Un salarié est un travailleur qui fournit une prestation de travail à un employeur qui le paie et qui lui donne des ordres. Le salarié vacataire (en anglais, *wage-earner*) est payé à la vacation, c'est-à-dire au nombre d'heures de travail réellement effectuées. Le salarié mensualisé (en anglais, *salary-earner*) reçoit le même salaire chaque mois.

• Salaire minimum

Dans de nombreux pays, la rémunération ne peut pas être inférieure à un certain montant – en France, c'est le SMIC, le salaire minimum interprofessionnel de croissance (« interprofessionnel » car il s'applique à toutes les professions, et « de croissance » car il augmente chaque année, selon la hausse des prix).

• Durée du travail

En France, en principe, la durée légale du travail (à plein temps) est de 35 heures par semaine. Toute heure supplémentaire doit être payée à un taux majoré.

➢ Point grammaire, page 34

1. Le contrat de travail est un accord par **lequel** une personne...
2. Le terme est la date à **laquelle**...

Activités 3, 4, 5, 6, page 35

Suggestions

- Les étudiants font les exercices individuellement.
- Correction collective après chaque exercice.

Corrigé

Activité 3

La première phrase de la lettre est la plus importante : « À la suite de notre entretien du 3 mars 2010, nous avons le plaisir de vous confirmer votre engagement à compter du 1er avril prochain pour une durée indéterminée en qualité d'analyste financière. »

Activité 4

• *nous sommes heureux de* : nous avons le plaisir de... – *votre embauche* : votre engagement... – *comme* : en qualité de... – *vous vous occuperez* : vous serez en charge de... – *vous serez sous l'autorité directe de* : vous serez directement rattachée au... – *est égale à* : s'élève à... – *nous sommes tombés d'accord sur* : nous sommes convenus de... – *rompre* : résilier... – *reçoivent votre accord* : vous conviennent.

Activité 5

Questionnaire d'embauche

Nom et prénom : ***Gonzalez Ayako***
Poste : ***analyste financière***
Fonctions : ***en charge des marchés asiatiques***
Période d'essai : ***trois mois***
Durée du contrat : ***indéterminée***
Lieu de travail : ***siège social (bd Haussmann, Paris)***
Rémunération : ***48 000 euros brut par an***

Jouez à deux, page 35 •••••

Suggestions

→ Voir *Comment jouer à deux*, page 12.

Corrigé

Personne A

Depuis le ***1er juin***, Jacques Tati travaille à ***Bordeaux***. Il a été engagé comme ***vendeur*** par le magasin Fayette pour une durée de ***quatre*** mois. Il reçoit un salaire mensuel de ***1 180*** € ainsi qu'une commission de ***3 %*** sur le montant des ventes réalisées.

Profil de manager (pages 36 et 37)

Objectifs

• Consulter une offre d'emploi.
• Dresser le profil du manager.
• Examiner des candidatures à un emploi, sélectionner un candidat.
• Rédiger un e-mail sur un ton « diplomatique ».
➢ Point grammaire : l'hypothèse.

Activité 1, page 36

Suggestions

• Les étudiants font l'activité individuellement, sans l'aide du professeur.
• Correction collective. C'est à ce moment qu'on peut analyser l'annonce : le candidat doit envoyer un CV (curriculum vitae) et une lettre de motivation ; il doit mentionner la référence DG dans sa lettre (S/réf DG : sous référence Directeur Général), une expérience de terrain qui se réfère à une expérience sur les lieux mêmes de l'action (dans l'hôtel, et non pas, par exemple, dans les bureaux du siège social d'un groupe hôtelier), etc.

Corrigé

Profil du candidat

– Sexe : ***homme ou femme***
– Âge : ***entre 35 et 40 an***
– Formation : ***grande école de commerce ou hôtelière***
– Langue(s) : ***anglais, et si possible d'autres langues***
– Expérience professionnelle : ***expérience du terrain de plusieurs années***
– Savoir-faire : ***savoir motiver et diriger le personnel, connaître le marketing, être un bon gestionnaire***
– Qualités : ***créatif, communicatif, enthousiaste***

Activité 2, page 36

Suggestions :

• Par groupes de trois ou quatre personnes, les étudiants s'entendent sur le meilleur candidat. Temps de préparation : 15 à 20 minutes.
• Correction collective : un représentant de chaque groupe explique le choix du groupe. Le classe débat et choisit son candidat.

Corrigé

Proposition :

Les deux candidats répondent au profil de l'annonce. Mais chacun a des atouts différents.
Jean-Marc Dubois est un homme du terrain (il est passé par tous les métiers de l'hôtellerie), il a travaillé en Europe (ce qui n'est pas le cas de Sophie), il est plus jeune (que Sophie), il est apprécié du personnel (« Jusqu'à présent, c'est notre meilleur directeur, tout le monde vous le dira », explique le maître d'hôtel). On présume qu'il saura veiller au bon déroulement de la vie quotidienne au sein de l'hôtel, et qu'il saura motiver et diriger le personnel.
Sophie Floridis, quant à elle, parle plusieurs langues, et pas seulement l'anglais ; elle a un profil très international ; c'est une excellente gestionnaire : les bénéfices des hôtels qu'elle a dirigés ont fortement progressé.

Notre choix : Sophie Floridis, pour les raisons suivantes :
– ses résultats sont impressionnants, et c'est ce qui compte dans le monde des affaires (toutefois, pour mieux apprécier ces résultats, il faudrait connaître la situation que Sophie a rencontrée au départ. Le texte dit que les bénéfices de l'hôtel Impérial de Jakarta ont progressé de 300 %. Mais l'importance de cette progression doit être relativisée si les bénéfices étaient nuls quand Sophie est arrivée).
– dans un hôtel de prestige, la hiérarchie est très importante et le directeur entretient des relations très distantes avec les employés. Peu importe alors que Sophie ne soit pas aussi proche du personnel que Jean-Marc ;
– le profil de Sophie est plus international : elle parle plusieurs langues, et pas seulement l'anglais, elle a probablement davantage de relations, et donc plus de possibilités de ramener des clients, etc. (toutefois, le texte de l'annonce n'apporte aucune précision sur le type de clientèle, et qui dit « hôtel de prestige » ne dit pas nécessairement « clientèle internationale »).

Activité 3, page 37

Suggestions

• Avant de faire l'exercice, la classe analyse la situation. La situation et la consigne doivent être claires pour tout le monde.
• Les étudiants cherchent des éléments de réponse par groupes de deux ou trois. Le professeur les encourage à faire toutes sortes d'hypothèses. Temps de préparation : 5 minutes.
• Correction collective. Pour compléter ou susciter certaines réponses, le professeur peut poser les questions suivantes :
– Nathalie Dupuis est-elle plus âgée que les vendeurs ?
– A-t-elle plus d'ancienneté dans l'entreprise que les vendeurs ?
– Connaît-elle mieux le marché que les vendeurs ?
– Pourquoi occupe-t-elle déjà un poste de direction ?

Corrigé

Proposition :

Nathalie n'est pas appréciée des vendeurs pour les raisons suivantes : elle est jeune, elle a sans doute peu d'expérience professionnelle, elle ne connaît pas l'entreprise, ni peut-être le produit ni le secteur, elle vient d'un milieu social autre que celui des vendeurs, elle sort d'un grande école (elle croit probablement tout savoir), c'est une femme, les vendeurs sont jaloux, etc.

Pour votre information

Une spécificité bien française : les grandes écoles

Les « grandes écoles » sont des établissements d'enseignement supérieur, souvent gérées par l'État, mais indépendantes des universités. On y accède par un concours qui se prépare en deux ans, après le baccalauréat, dans des classes spéciales des lycées, dites « classes préparatoires ».

Il est difficile de trouver dans d'autres pays un système aussi sélectif que celui-là. Certes, partout, des universités sont considérées meilleures que d'autres. Mais ces universités, aussi réputées soient-elles, accueillent des milliers d'étudiants alors que les grandes écoles françaises, peu nombreuses, ne reçoivent chacune que quelques centaines d'élèves (on parle généralement des *élèves* d'une école et des *étudiants* d'une université).

Sur 800 000 jeunes d'une classe d'âge, environ 500 000 obtiennent le baccalauréat. Parmi eux, 36 000 s'inscrivent dans une classe préparatoire aux concours des grandes écoles. Environ 4 000 réussissent à entrer dans l'une des quelque dix grandes écoles qui comptent en France. Quatre mille sur 800 000 jeunes…, soit 0,5 %. De plus, seuls ceux qui ont obtenu le meilleur rang de sortie peuvent prétendre accéder aux plus hautes fonctions.

Parmi les grandes écoles, on peut distinguer :
– L'ENA (École nationale d'administration), qui forme les cadres de l'État et aussi, de plus en plus, ceux des grandes entreprises.

– Les écoles normales supérieures, qui forment des professeurs pour l'enseignement secondaire (lycées) ou supérieur. De ces écoles sont sortis des prix Nobel comme Louis Pasteur, Jean-Paul Sartre (qui a refusé le Nobel), Henri Bergson, Jules Romains, Jean Giraudoux, etc.
– Les écoles d'ingénieur comme l'École polytechnique (créée en 1794) ou l'École centrale.
– Les écoles de commerce (qu'il serait plus approprié d'appeler « écoles de gestion » parce qu'on y enseigne autre chose que le commerce), comme HEC (Hautes Études Commerciales), l'ESCP (École supérieure de commerce de Paris), l'ESSEC (École supérieure de sciences économiques et commerciales). C'est dans ce type d'école que Nathalie a étudié.

Activités 4, page 37

Suggestions

- Les étudiants font l'exercice individuellement.
- Correction collective.

Corrigé

Proposition :
L'e-mail de Nathalie Dupuis est très maladroit. Le ton est sec, peu diplomatique, autoritaire (« je vous rappelle que j'attends un rapport »), elle ne se présente pas, elle commence par demander (« je vous demande de »), sans expliquer la situation, elle ne remercie pas.

Activités 5, page 37

Suggestions

- Avant de répondre aux questions, la classe analyse la situation. La situation ainsi que les consignes doivent être claires pour tout le monde.
- Par groupes de deux ou trois, les étudiants imaginent ce qui a bien pu se passer. Temps de préparation : 5 minutes. Toutes les hypothèses sont les bienvenues.
- Correction collective. Le professeur recueille les différentes hypothèses, sans porter de jugement. *Ex.* : la concurrence est trop forte, un espion a prévenu les clients de Beck qu'une nouvelle machine serait bientôt lancée, les vendeurs n'ont rien vendu dans l'espoir que Nathalie serait licenciée en raison des mauvais résultats de son service, il y a eu une défaillance technique sur les anciens distributeurs, etc. Une fois qu'un certain nombre d'hypothèses ont été émises, le rôle du professeur consiste à orienter la discussion vers l'hypothèse la plus probable, telle qu'elle est proposée dans le corrigé ci-dessous.

Corrigé

Proposition :
Dans cet e-mail, que demande Nathalie aux vendeurs ? De mentir aux clients. Mensonge par omission, mais mensonge tout de même. Les vendeurs ont-ils intérêt à mentir ? À court terme, peut-être, car en vendant une machine ils touchent immédiatement une commission. À long terme, non, car ils risquent de perdre des clients : tôt ou tard, en effet, les clients se rendront compte qu'ils ont acheté une machine obsolète. En fait, les vendeurs ont tous eu la même réaction : ils ont informé discrètement chaque client du prochain lancement d'une nouvelle machine. Ce n'est pas la seule hypothèse, mais c'est la plus probable.
De plus, les vendeurs ne sont pas mécontents de s'opposer aux ordres de Nathalie, qu'ils n'apprécient pas. Nous sommes dans une situation, pas si rare peut-être, où les vendeurs se sentent plus proches de leurs clients que de la direction de l'entreprise. Autrement dit, une situation où la base se sent éloignée de la direction de son entreprise.

Activité 6, page 37

Suggestions

- Le professeur peut compléter les consignes de l'exercice **a** par d'autres questions : Que faudrait-il modifier dans l'e-mail du 5 janvier ? Que faire pour écouler les anciens produits ? N'y a-t-il pas d'autres moyens que de garder secret le lancement du nouveau modèle ?

• Les étudiants répondent par groupes de deux ou trois personnes. Temps de préparation : 5 minutes.
• Correction collective.
• Les étudiants font l'exercice **b** individuellement, en classe ou à la maison.

Corrigé

Proposition :

Exercice a

Nathalie invite les vendeurs à une réunion, voire à un déjeuner de travail. À cette occasion, elle explique la situation et elle demande l'avis des vendeurs. Bref, elle écoute et elle fait participer les vendeurs à la décision.

Plutôt que de mentir aux clients, mieux vaut leur proposer les anciennes machines à un prix promotionnel. Les clients ont alors le choix entre l'ancienne machine et la nouvelle, plus performante, mais plus chère. Pour les inciter à porter leurs efforts sur l'ancienne machine, les vendeurs reçoivent une prime exceptionnelle pour chaque ancienne machine vendue.

Exercice b

À : Pierre Taffarel ; Louis Billet ; Paul Bouillon ; François Jolivet
De : Nathalie Dupuis
Date : Mardi 5 janvier 2010, 10:09
Objet : déjeuner de travail

Bonjour,
C'est avec grand plaisir que je prends mes fonctions comme directrice de marketing chez Beck. Il est rassurant de pouvoir compter sur une équipe de vente aussi expérimentée que la vôtre.
Afin que nous fassions connaissance, je vous propose de nous réunir mardi prochain, le 12 janvier, à 10 h 30, dans nos locaux et de poursuivre cette réunion autour d'un déjeuner au restaurant.
Comme vous le savez, nous lancerons prochainement un nouveau distributeur. Avant de commercialiser ce nouveau produit, il serait souhaitable d'écouler le stock des anciens produits. Notre réunion sera l'occasion de discuter de la meilleure stratégie à adopter.
Par ailleurs, afin de mieux comprendre les problèmes que vous rencontrez quotidiennement, je souhaiterais recevoir un rapport sur vos activités aussi rapidement que possible.
Merci de me confirmer votre présence à la réunion et au déjeuner. Vos précieuses suggestions seront les bienvenues.
Cordialement,
Nathalie Abricot

➢ Point grammaire, page 37

Corrigé

1 b – **2** d – **3** a.

3 Organisation du travail (pages 38 et 39)

Objectifs

• Analyser, comparer différentes cultures d'entreprise et méthodes d'organisation du travail : du travail à la chaîne à la démocratie dans le travail.
• Décrire par écrit l'organisation du travail dans une « entreprise traditionnelle ».
➢ Point grammaire : le futur simple et le futur antérieur.

Activités 1, page 38

Suggestions

- Définir certains termes de la leçon du jour : un boulon (ensemble constitué par une vis et un écrou), un écrou, « nul homme » (= personne), « visser », etc.
- La classe répond aux questions. Petit débat. Cette activité prépare la suivante.

Corrigé

Proposition :

Le travail à la chaîne consiste à diviser le travail en une multitude de tâches, chaque ouvrier étant chargé d'accomplir une tâche précise.
Avantages du travail à la chaîne : les ouvriers spécialisés n'ont pas besoin de réfléchir, ils sont interchangeables, la productivité augmente (dernier paragraphe de la leçon du jour).
Inconvénients : voir le texte de l'activité suivante.

Pour votre information

Ouvriers spécialisés et ouvriers qualifiés
Les ouvriers spécialisés (OS) sont spécialisés dans l'accomplissement d'une tâche, unique et très simple. Attention : « spécialisé » ne veut pas dire « spécialiste ». Un OS n'a besoin d'aucune formation pour exercer son métier.
En revanche, les ouvriers qualifiés (ou professionnels) ont suivi une formation, parfois très longue, et sanctionnée par un diplôme (menuisier, plombier, etc.).

Activité 2, page 38

Suggestions

- Les étudiants font l'exercice individuellement. Temps de préparation : 5 minutes.
- Correction collective.

Corrigé

Proposition :

a. Principal inconvénient du travail à la chaîne : c'est « terriblement ennuyeux ».
b. Les ouvriers expriment leur « raz le bol » de plusieurs façons : absentéisme, rotation rapide du personnel (turnover), actes de sabotage, défauts de fabrication.
c. Conséquences de ce « ras-le-bol » pour l'entreprise : « Tout ceci coûte cher et a un effet désastreux sur la productivité de l'entreprise. »
d. Pour intéresser les travailleurs à leur travail, et pour faire en sorte qu'ils ne s'ennuient pas, on peut :
– enrichir les tâches : les ouvriers ne sont plus spécialisés, ils deviennent polyvalents ;
– confier des responsabilités aux ouvriers ;
– leur offrir des primes de rendement ;
– leur assurer des promotions ;
– créer un environnement de travail agréable : au sein de l'entreprise, on peut pratiquer des activités culturelles ou sportives, etc.

➢ Point grammaire, page 38

Corrigé

1. seront nés, travaillera. – **2.** sera devenu, travailleront. – **3.** révolutionnera, pourront. – **4.** aura, aura disparu. – **5.** auras lu, diras.

Activités 3, 4, page 39

Suggestions

Activité 3

• Les étudiants font l'exercice individuellement.
• Correction collective : faire un tour de table. Chaque étudiant relève une différence entre les méthodes de Semco et celles d'une entreprise traditionnelle, puis il donne son avis. Petit débat : à chaque fois, la classe commente, discute. Quelle est la méthode la plus fréquente ? Quelle est la plus efficace ? Peut-on permettre aux salariés de s'habiller comme ils veulent ? Tout le monde peut-il connaître le salaire de tout le monde ? Etc. Les sujets de débat ne manquent pas. Les réponses dépendent souvent de la culture et de l'activité de l'entreprise : par exemple, la tenue vestimentaire est plus formelle chez les banquiers que chez les journalistes.
• Exercice de grammaire : les étudiants peuvent imaginer que Semco est une entreprise du futur et mettre le texte au futur simple : « Si vous visitez le siège social de l'entreprise, vous ***remarquerez*** qu'il n'y a pas d'hôtesse d'accueil. « *Nous n'aimons pas confier à nos employés des tâches inintéressantes* », ***expliquera*** Ricardo Semler, le directeur général de Semco. Pour cette raison, il n'y ***aura*** ni secrétaire ni assistant. Chacun ***fera*** ses propres photocopies, ***tapera*** ses lettres, ***composera*** ses numéros de téléphone et ***préparera*** son café. La hiérarchie ***sera*** extrêmement réduite. Etc. »

Activité 4

• Travail individuel, à faire à la maison.

Corrigé

Activité 4

Proposition :

Une visite chez Midipile

En arrivant chez Midipile, vous vous adressez à l'hôtesse d'accueil. C'est une personne souriante, au sourire commercial. Une fois que vous avez expliqué la raison de votre visite, elle vous demande de patienter un instant. Vous vous asseyez dans un fauteuil confortable.
En attendant, vous regardez autour de vous. Il y une horloge de pointage dans la salle. Ici, les horaires ne sont pas flexibles : les heures de départ et d'arrivée au travail sont les mêmes pour tous. Les salariés sont tenus de pointer sous l'œil critique de l'hôtesse d'accueil, qui vérifie au passage que leur tenue vestimentaire est bien conforme au règlement. Le costume cravate est obligatoire pour les hommes. Les femmes doivent porter un tailleur, et le pantalon leur est strictement interdit. En sortant de chez Midipile, les employés doivent présenter leur sac à l'agent de sécurité.
La secrétaire de la personne à qui vous rendez visite vient d'arriver. Elle vous demande de la suivre. Vous traversez un labyrinthe de longs couloirs vides. Toutes les portes sont fermées.
Derrière ces portes, tout le monde travaille en silence, sous le contrôle d'un supérieur hiérarchique. Les responsables de service sont nommés par le directeur général, sur proposition du directeur des ressources humaines. Dans cette entreprise, la hiérarchie est pyramidale.
Chacun s'occupe seulement de ce qu'il doit faire. Les directeurs ont tous une secrétaire parce qu'ils ont des responsabilités trop importantes pour s'occuper de tâches subalternes.
Le bureau du grand patron se trouve au dernier étage. Il a trois secrétaires. Il est impossible pour un simple employé de le rencontrer. D'ailleurs, beaucoup de salariés ne l'ont vu qu'une ou deux fois, et seraient bien incapable de le reconnaître.
Le salaire est un sujet tabou. Tout le monde, du simple employé au grand patron, est d'accord pour dire qu'il s'agit d'une affaire privée, strictement confidentielle.
Les réunions sont fréquentes. Nombreuses aussi les procédures administratives, les notes de services, les rapports. Les procédures de contrôle sont strictement appliquées. Prenons le cas des voyages d'affaires. Le budget d'un voyage d'affaires est géré par le directeur financier. Comme les salaires, il est tenu secret. Les notes de frais font l'objet d'un contrôle très strict. Chez Midipile, on fait confiance au personnel, mais on se sent plus tranquille en le surveillant.

4 Réunion de travail (pages 40 et 41)

Objectifs

- Réussir une réunion.
- Préparer/assister à/animer une réunion.
- Rédiger un compte rendu de réunion.

➢ Point grammaire : les pronoms et les adjectifs indéfinis.

Activité 1, page 40

Suggestions

- Chaque étudiant note par écrit, et en quelques mots, une ou deux raisons pour lesquelles une réunion peut être inefficace. Le professeur encourage les étudiants à faire toutes sortes d'hypothèses.
- Correction collective. Faire un tour de table : chacun donne une raison.

Corrigé

Proposition :

Les raisons ne manquent pas : la réunion est trop longue, elle n'était pas nécessaire, l'ordre du jour n'est pas respecté, il n'y pas d'ordre du jour, une personne monopolise la parole, les participants parlent dans tous les sens, la réunion n'aboutit à rien de concret, il y a beaucoup d'absents, etc.

Activité 2, page 40

Suggestions

- Les étudiants font l'exercice individuellement. Temps de préparation : 5 minutes.
- Correction collective.

Corrigé

Proposition :

(Valentin) Avant la réunion, Mme Savary devrait envoyer une note de service aux participants pour les informer de l'objet de la réunion. Elle a peut-être besoin d'un(e) secrétaire.

(Catherine) Les participants qui dorment ne sont probablement pas intéressés par la réunion. Alors, que font-ils là ? Si seules les personnes concernées étaient conviées à la réunion, la salle, même minuscule, conviendrait peut-être. Dans des cas exceptionnels, on peut envisager de louer une salle à l'extérieur. Pour réduire le nombre de réunions et de participants à ces réunions, les salariés de Lauréade devraient échanger un maximum informations par Intranet.

(Zoe) Deux problèmes : trop de réunions et trop de participants. Il faut donc réduire le nombre de réunions et inviter uniquement les personnes concernées.

(Guillaume) L'organisateur ou l'animateur de la réunion doit donner un ordre du jour précis, faire en sorte que cet ordre du jour soit respecté et, si besoin, se montrer autoritaire. Mais que faire si Mme Savary est une piètre animatrice ?

➢ Point grammaire, page 40

Corrigé

1. On… – **2.** aucun… – **3.** quelque chose… – **4.** Personne… – **5.** Chacun, rien… – **6.** certains, d'autres… – **7.** Quelqu'un… – **8.** quelque part, nulle part.

Activité 3, page 41

Suggestions

- Les étudiants font l'exercice individuellement.
- Correction collective

Corrigé

1 b – **2** a – **3**d – **4** g – **5** c – **6** e – **7** f*

* *Nous avons fait le tour de la question* = Nous avons traité tous les aspects du sujet.

Activité 4, page 41

Jouez à quatre •••••

Suggestions

• Analyser la situation, qui doit être parfaitement claire pour tout le monde. Le professeur apporte des explications complémentaires (voir « Pour votre information », ci-dessous).
• Former quatre groupes.
• Les membres de chaque groupe choisissent parmi eux celui qui jouera et l'aident à préparer son rôle. Le président devra être particulièrement dynamique. Temps de préparation : environ 20 minutes.
• Pendant que les étudiants préparent la réunion, le professeur s'assure auprès de chaque groupe que les consignes sont bien comprises. Ces consignes doivent être strictement respectées. Celles du président sont particulièrement importantes. Par exemple, il est important qu'au début de la réunion le président explique clairement aux observateurs, le reste de la classe, qu'ils doivent prendre des notes pour pouvoir ensuite rédiger un compte rendu.
• Aménager l'espace de la réunion de sorte que tout le public puisse bien observer et entendre ce qui se passe pendant la réunion.
• La réunion devrait durer de 10 à 15 minutes. Vers la fin de la réunion, comme l'indiquent le consignes, les participants doivent adhérer au projet du président, sans discuter. Il ne faut pas que la réunion s'éternise.

Pour votre information

Une institution représentative du personnel : le comité d'entreprise

En France, les entreprises d'au moins 50 salariés ont un comité d'entreprise. Le rôle de ce comité est de représenter les travailleurs de l'entreprise. Les membres du comité sont élus par les salariés de l'entreprise.

Le comité d'entreprise est consulté sur certaines décisions (licenciements collectifs, formation, etc.). Il coopère à l'amélioration des conditions de travail. Par ailleurs, il gère un certain nombre d'activités sociales et culturelles : cantine, crèche, bibliothèque, organisation de voyages, etc.

L'employeur lui verse une subvention de fonctionnement, égale à 0,2 % de la masse salariale brute, ainsi qu'une contribution destinée au financement des activités sociales et culturelles.

Activité 5, page 41

Suggestions

• Travail individuel, à faire à la maison. Dans le compte rendu, les étudiants doivent expliquer non seulement ce que les quatre participants à la réunion ont proposé, mais aussi les raisons pour lesquelles ils ont choisi tel ou tel lieu.

5 Droits des salariés (pages 42 et 43)

Objectifs

• Découvrir le droit français du licenciement.
• Analyser une lettre de licenciement.
• Apprécier les motifs d'un licenciement.
• Analyser le droit de grève.
➢ Point grammaire : la formation du subjonctif.

Activités 1, 2, 3, page 42

Suggestions

Activité 1

• Les étudiants lisent la leçon du jour et font l'activité individuellement. Ils s'entendent ensuite avec un collègue de classe sur des réponses communes.
• Le professeur explique la leçon du jour, en développant certains points (voir ci-dessous « Pour votre information »).
• Correction collective.

Activités 2, 3

• Les étudiants font l'exercice individuellement.
• Correction collective après chaque exercice. Organiser un mini-débat à partir de la dernière question de l'activité 3.

Corrigé

Activité 1

1. licencie, motif, licenciement. – **2.** préavis, indemnité. – **3.** poursuivi, condamné. – **4.** contrat, démissionne.

Activité 2

L'employeur doit :
1. convoquer le salarié à un entretien, par lettre recommandée ;
2. avoir un entretien avec le salarié, pour l'informer qu'il envisage de le licencier ;
3. notifier au salarié le licenciement par lettre recommandée.

Activité 3

a. Cette lettre pourrait être datée du 20 avril (l'entretien ayant eu lieu le 18 avril, on peut supposer que la lettre de licenciement est partie quelques deux jours plus tard).
b. Jessica devrait arrêter de travailler en mai (le préavis d'un mois commence à la date de présentation de la lettre de licenciement).
c. L'appréciation du motif du licenciement se fait au cas par cas, et, dans cette affaire, nous manquons d'informations. La lettre ne nous dit pas quel type de vêtements portait Jessica. On ne sait pas non plus quel poste elle occupait. Selon qu'elle travaille seule, dans un bureau, ou alors en contact avec les clients, l'appréciation du motif est différente. On ne sait pas ce que l'employeur entend par « provocateur ».
L'appréciation du motif du licenciement comporte toujours une part de subjectivité. L'environnement culturel et les convictions personnelles du juge jouent un rôle important.
Arguments contre le licenciement de Jessica :
– la tenue vestimentaire ne veut pas dire qu'elle faisait mal son travail ;
– les salariés sont libres de s'habiller comme ils veulent.
Pour justifier le licenciement, on peut dire que, par son comportement, et surtout si elle était en contact direct avec les clients, Jessica portait préjudice à l'image de l'entreprise.

Pour votre information

Le Conseil des prud'hommes

En France, le tribunal du travail s'appelle le Conseil des prud'hommes. Il n'est pas composé de magistrats professionnels, mais de juges élus, appelés conseillers prud'homaux et composés pour moitié de représentants des salariés et pour moitié de représentants des employeurs.
Deux conseillers salariés et deux conseillers employeurs sont chargés de juger l'affaire : ils doivent prendre une décision à la majorité des trois quarts. Si le conseil juge que le motif n'est pas réel ou/et pas sérieux, il condamne l'employeur à payer une indemnité au salarié licencié. Cette indemnité est généralement égale à six mois de salaire. Il est rarissime que le Conseil oblige l'employeur à réinsérer le salarié dans l'entreprise.

Le motif du licenciement peut être personnel ou économique. Le motif personnel est inhérent à la personne du salarié. Ce peut être une faute du salarié, et elle doit être d'une certaine gravité, car une faute légère ne justifie pas un licenciement.
Le motif économique est un motif inhérent à l'entreprise. Par exemple : suppressions d'emplois dues à des difficultés économiques ou à des mutations technologiques dans l'entreprise.

Activité 4, page 43

Suggestions

• La consigne et le sens de chaque article doivent être bien compris de tous. Le professeur apporte les explications nécessaires. Par exemple, pour l'article 2, il peut donner des exemples de mobiles politiques (demande de changement de gouvernement, protestation contre la guerre, etc.).
• Les étudiants font l'exercice par groupes de deux. Ils doivent justifier leurs réponses. Par exemple, il ne suffit pas de dire « d'accord, les salariés ont le droit de faire grève », il faut aussi expliquer pourquoi. C'est une difficulté de l'exercice. Temps de préparation : 10 minutes.
• Correction collective. Si certains étudiants pensent que la grève devrait être interdite, que proposent-ils ? Dans ce cas, comment les salariés peuvent-ils exprimer leurs revendications ?
• Pour terminer, les étudiants parlent du droit de grève dans leur pays. Savent-ils dans quelles conditions il peut être exercé ?

Corrigé

Proposition :
Voilà quelques propositions qui permettent de justifier différentes opinions et d'alimenter le débat.
Art. 1. *Les salariés ont le droit de faire grève.*
– D'accord. La grève, en effet, est un moyen d'expression des salariés. C'est même parfois le seul moyen pour les salariés de se faire entendre et de se défendre.
– Pas d'accord. Il faut mettre en place d'autres moyens de règlement des conflits. La grève perturbe l'entreprise, elle peut affaiblir l'économie du pays. Dans certains pays, comme en Suisse, elle est interdite.
Art. 2. *Les revendications des grévistes doivent concerner leur travail; elles ne doivent pas avoir de mobile politique.*
– D'accord. Les grèves de solidarité, et particulièrement les grèves de solidarité externe (qui consistent à appuyer les revendications de salariés d'autres entreprises) ne devraient pas être autorisées parce que l'employeur ne peut rien faire. De même, l'employeur ne peut pas répondre à des revendications d'ordre politique. En revanche, il doit pouvoir répondre à toute demande concernant le travail des grévistes eux-mêmes.
– Pas d'accord. Il faut autoriser les grèves de solidarité car les travailleurs de toute catégorie et de toute entreprise sont unis et défendent des droits communs. D'autre part, les revendications reposant sur des mobiles politiques devraient être permises car travail et politique sont intimement liés.
Art. 3. Alinéa 1. *Les salariés ont le droit de se mettre en grève immédiatement, sans préavis.*
– D'accord. C'est un moyen de pression supplémentaire, que les salariés doivent pouvoir utiliser.
– Pas d'accord. Il faut prévoir une certaine procédure de façon à permettre à l'employeur de s'organiser. (En France, les salariés du secteur privé peuvent se mettre en grève sans préavis, mais dans le secteur public – administrations et entreprises publiques –, ils doivent déposer un préavis de cinq jours).
Alinéa 2. *Ils peuvent se mettre en grève sans l'accord des syndicats.*
– D'accord. Il faut laisser l'initiative aux salariés eux-mêmes, d'autant que les syndicats ne sont pas toujours indépendants de l'employeur.

– Pas d'accord. Les syndicats canalisent (organisent) les revendications, encadrent la grève et il faut leur reconnaître un certain pouvoir. Sans eux, sans corps intermédiaire, c'est l'anarchie, de petits groupes font la grève, chacun de leur côté, avec des revendications différentes. L'employeur ne sait plus avec qui négocier. De leur côté, les salariés désunis sont moins forts.
Alinéa 3. *Ils ont le droit de se mettre en grève au moment qu'ils estiment le plus efficace.*
– D'accord. La grève n'a-t-elle pas pour but de gêner l'employeur ?
– Pas d'accord. La grève ne doit pas perturber le fonctionnement de l'entreprise.
Art. 4. *On ne peut pas faire grève seul, mais les grévistes n'ont pas besoin d'être la majorité des salariés de l'entreprise.*
– D'accord. Il faut être au moins deux car la grève, par nature, est un mouvement collectif. Inutile d'exiger la majorité car cela reviendrait à rendre trop difficile l'exercice du droit de grève.
– Pas d'accord. Interdire à une personne de faire grève seule, cela reviendrait à priver du droit de grève celui qui est le seul salarié de son entreprise. Une personne devrait pouvoir s'exprimer seule.
Pour exiger que la grève soit le fait d'une majorité de salariés, on peut dire aussi que c'est un moyen d'empêcher une minorité d'éléments perturbateurs de nuire à la majorité.
Art. 5. *Pendant la grève, les grévistes ne reçoivent pas de salaire.*
– D'accord. Le contrat de travail étant suspendu, les parties sont déchargées de leurs obligations respectives : le salarié ne travaille pas, l'employeur ne verse pas de salaire.
– Pas d'accord. Si les salariés ne reçoivent pas de salaire pendant la grève, ils leur est difficile en pratique de faire grève.
Art. 6. *Après la grève, ils retrouvent leur emploi.*
– D'accord. Sans cela, ce serait nier le droit de grève.
– Pas d'accord. Dans le cas où on interdit le droit de grève.
En conclusion, on peut dire qu'il existe deux grandes options possibles :
1. On peut encadrer le droit de grève. Dans ce cas, les salariés ont l'obligation de déposer un préavis de grève, ils doivent être une majorité, ils doivent passer par l'intermédiaire d'un syndicat, respecter une certaine procédure (interdiction de la grève avant d'avoir épuisé d'autres recours, respect de certains délais), etc. C'est la solution retenue dans la plupart des pays : Allemagne, pays scandinaves, Japon, etc.
2. Au contraire, dans d'autres pays, comme en France, le droit de grève est peu réglementé : les salariés grévistes n'ont pas besoin de déposer un préavis, ils peuvent être une minorité, ils peuvent faire grève sans l'accord des syndicats (grève sauvage), etc. En France, et notamment dans le secteur public, on fait grève d'abord, et après on discute.

Activité 5, page 43

Suggestions
- Les étudiants font l'exercice individuellement.
- Correction collective.

Corrigé

Un père et ses deux fils [...] et employant 12 ***salariés***. [...] 300 % d'augmentation de ***salaire*** [...] satisfaire une ***revendication*** pareille. [...] on se ***met*** en grève [...] C'est ainsi que la ***grève*** a commencé, immédiatement, sans le moindre ***préavis***. La représentante du ***syndicat*** n'était même pas au courant. [...] les trois ***grévistes*** de licenciement.

Activité 6, page 43

Suggestions
- Les étudiants travaillent par groupes de deux. Temps de préparation : 5 minutes.
- Correction collective. Organiser un débat entre les étudiants qui pensent qu'on peut licencier les vendeurs et ceux qui pensent le contraire.

Corrigé

Mme Girard ne peut pas licencier les trois grévistes car leur grève est bien conforme à toutes les dispositions du droit français :
– la revendication des trois vendeurs concerne bien leur travail, comme l'exige l'article 2. Les mobiles ne sont pas d'ordre politique. Peuvent-ils être licenciés au motif que leur revendication est exagérée ? La réponse est non. Il suffit que la revendication soit d'ordre professionnel pour être légale. C'est une condition nécessaire et suffisante. D'ailleurs, le caractère exagéré ou non d'une revendication est subjectif et il serait dangereux d'interdire une grève pour ce motif. L'employeur ne dira-t-il pas toujours qu'une revendication est exagérée ?
– selon l'article 3, les grévistes n'ont pas besoin de déposer un préavis. Ils peuvent choisir le moment le plus efficace, c'est-à-dire faire grève à Noël. Ils peuvent se mettre en grève sans l'accord de la représentante du syndicat ;
– il faut être au moins deux pour faire grève, et ils sont trois. Ils sont seulement trois (sur 12 salariés), mais ce n'est pas un problème car les grévistes n'ont pas besoin d'être la majorité (article 4).
Pendant la grève, les trois vendeurs ne recevront aucun salaire. Une fois la grève terminée, ils retrouveront leur emploi.

➢ Point grammaire, page 43

Corrigé

Imaginez que vous ***soyez*** le patron, que les salariés ***soient*** mécontents, qu'ils ***fassent*** grève, que vous les ***poursuiviez*** en justice, que vous ***perdiez*** votre procès.

Bilan de compétences (pages 44 à 47)

A. Lire (pages 44 et 45)

Activités 1, 2

Suggestions

→ Voir *Comment lire*, page 25.

• L'activité 1 peut être prolongée par un exercice d'écriture : les étudiants écrivent une lettre de motivation en s'inspirant du modèle. Ils trouveront d'autres modèles de lettres sur Internet – et notamment sur le site de l'ANPE (Agence nationale pour l'emploi).

Corrigé

Activité 1

6. Ayako Gonzalez insiste sur ses qualités personnelles. – **3.** Elle fait part de ses diplômes. – **1.** Elle demande le poste. – **5.** Elle donne des indications sur… – **2.** Elle fait référence à… – **7.** Elle propose une éventuelle rencontre. – **4.** Elle précise qu'un CV est joint.

Activité 2

Aujourd'hui 9 avril, chez Ferrabille :

1. *On peut acheter des tickets restaurants le lundi* : NON PRÉCISÉ. On sait qu'à partir du 1er juin prochain, la vente de tickets restaurants aura lieu le lundi, mais pour ce qui est d'aujourd'hui, 9 mai, les documents ne nous apportent aucune information.

2. *Il y a trois ateliers* : NON PRÉCISÉ. On sait seulement qu'il y a un atelier 3, ce qui ne veut pas dire qu'il y a trois ateliers.

3. *Il faut porter des gants pour utiliser la scie électrique* : VRAI. Cette obligation existait déjà avant le 9 mai, car la note de service est un rappel. « Il est rappelé que le port de gants est obligatoire », dit la note.

4. *Les dates de congé du personnel sont fixées* : FAUX. Le service du personnel souhaite connaître les vœux du personnel de façon à pouvoir fixer ensuite les dates de congé.
5. *Il y aura une réunion cet après-midi* : VRAI. Caroline dit qu'elle ne pourra pas assister à la réunion de cet après-midi.
6. *L'objet de la réunion porte sur le matériel de bureau* : NON PRÉCISÉ. La demande de Caroline concernant le photocopieur ne veut pas nécessairement dire que la réunion porte sur le matériel de bureau.

Pour votre information

- ***Les congés payés***

Les congés payés permettent au travailleur de prendre du repos tout en recevant son salaire. En France, c'est l'employeur, maître de l'organisation de son entreprise, qui fixe la date des congés. Deux formules sont possibles : la fermeture de l'entreprise pendant une certaine période ou le congé du personnel par roulement. Dans ce dernier cas, l'employeur établit le planning des congés en tenant compte des vœux du personnel.
Le droit aux congés payés a été une première fois accordé aux travailleurs par une loi de 1936 : les congés étaient alors de deux semaines par an. En 1956, leur durée a été portée à trois semaines, puis à quatre semaines en 1969 et à cinq semaines en 1982. Les salariés français sont mieux lotis que leurs collègues québécois, qui n'ont droit qu'à deux semaines de congés payés après un an d'ancienneté et à trois semaines après cinq ans d'ancienneté.

- ***Les tickets restaurant***

Dans de nombreuses entreprises françaises, l'employeur remet au salarié des tickets restaurant. Avec un ticket, et pour le montant du prix indiqué sur le ticket, le salarié peut prendre un repas dans le restaurant de son choix.

B. Écouter (page 46)

Activités 1, 2 page 46

Suggestions

- Il est important de préparer l'écoute. Les étudiants prendront le temps de lire attentivement le texte et de bien le comprendre. Peuvent-ils deviner certaines mentions manquantes ?
- Après ce travail de préparation, faire écouter deux fois.

→ Voir *Comment écouter*, page 25.

Corrigé

Activité 1

Jennifer Poulain est ***belge*** d'origine. Elle dirige l'entreprise Meyer depuis ***cinq*** ans. Meyer emploient environ ***250*** salariés en France et en ***Roumanie***. Jennifer Poulain commence à travailler à ***8*** heures. En arrivant au bureau, elle commence par préparer les ***réunions*** de la journée. Elle assiste généralement à ***trois*** ou ***quatre*** réunions par jour.
Elle considère que son rôle est de faire ***travailler*** ses équipes, de faire ***avancer*** les projets. D'après elle, il est important de ***s'adapter*** rapidement parce que l'environnement change très vite. Il faut être ***flexible***.
Une autre partie de son travail est de prévoir les évolutions et de prendre les grandes décisions, en choisissant la bonne ***stratégie***. Elle refuse de passer son temps à se ***battre*** contre les difficultés quotidiennes ou à ***gérer*** l'entreprise au quotidien.
Jennifer Poulain attache beaucoup d'importance aux relations ***humaines*** à l'intérieur de son entreprise. Pour bien travailler, pense-t-elle, les gens doivent bien s'entendre et ils doivent ***communiquer***. Elle se sent très proche du personnel. Chez Meyer, l'organisation est très ***plate***, il y a peu de ***hiérarchie***. Mais tout le monde ***vouvoie*** Jennifer Poulain. [...] On peut très bien tutoyer son ***patron*** et entretenir avec lui des relations ***distantes*** et conflictuelles.

Activité 2

1. Madame A. pense qu'il faudrait interdire les ***grèves*** dans les ***services publics*** parce qu'il y a d'autres ***moyens*** de résoudre les ***conflits***.
2. D'après monsieur B., les ***employeurs*** ne respectent pas leurs ***salariés***.
3. Madame C. dit que la plupart des ***réunions*** sont une perte de temps et qu'elles n'aboutissent généralement à aucune ***décision***.
4. Pour monsieur D., un bon manager est un manager ***autoritaire***. Selon lui, il doit toujours y avoir un chef pour donner des ***ordres*** et des ***subordonnés*** pour obéir.
5. Madame E. ne trouve pas normal qu'il y ait si peu de femmes managers. Elle rappelle que les ***postes de direction*** sont quasiment tous ***occupés*** par des hommes.

C. – Écrire (page 47)

Suggestions

• La difficulté de l'exercice consiste à ne pas écrire plus de 100 mots. Avant de rédiger le compte rendu, les étudiants pourront :
– se demander quelles sont les informations superflues, qu'il faudra éliminer ;
– faire le résumé oralement ;
– tirer une conclusion de l'histoire. Par exemple : « En donnant priorité aux choses superflues, comme le gravier ou le sable, on n'a pas le temps de se consacrer aux choses réellement importantes de notre vie. Il faut donc se demander quelles sont ces choses importantes et c'est à elles que nous devons d'abord consacrer notre temps. »

Corrigé

Proposition :
Voici deux propositions de corrigé :
Proposition 1 : La dernière conférence du professeur Giraud portait sur « la gestion efficace de son temps ». Le professeur a utilisé un grand pot de verre, qu'il a rempli d'abord de gros cailloux, puis de sable, puis de graviers, et enfin d'eau. C'est seulement en procédant dans cet ordre qu'il est possible de tout mettre dans le pot. Le professeur voulait nous montrer qu'il était important dans la vie d'établir des priorités. Nous devons nous demander quelles sont les choses auxquelles nous attachons de l'importance et c'est à ces choses-là que nous devons d'abord nous consacrer. (95 mots).

Proposition 2 : D'abord, le professeur Giraud a rempli un grand pot de verre avec de gros cailloux. Ensuite, il a versé du gravier sur les gros cailloux, puis du gravier, puis de l'eau. Il nous a demandé quelle vérité démontrait cette expérience.
La vérité, a-t-il dit, c'est qu'il faut mettre les gros cailloux d'abord, sinon on ne pourra jamais les faire tous entrer dans le pot. Chacun doit donc se demander quels sont ses objectifs prioritaires dans la vie, et les placer en tête de tous les autres. (86 mots)

D. Parler (page 47)

■ Jouez à deux •••••

Suggestions

• À la fin du jeu de rôle, organiser un mini-débat à partir de la dernière question.
→ Voir *Comment jouer à deux*, page 12.

Corrigé

Personne A

Jacques Fayette dirige ***un grand magasin***. Un jour qu'il se promène ***dans les rayons du magasin***, il remarque une cliente qui ***attend*** à un comptoir. Personne ne fait ***attention*** à elle. Les vendeurs sont dans un coin ***en train de bavarder et de rire***.

Personne B
Jacques Fayette ***dirige*** un grand magasin. ***Un jour qu'il se promène*** dans les rayons du magasin, il remarque ***une cliente*** qui attend à un comptoir. ***Personne*** ne fait attention à elle. ***Les vendeurs*** sont dans un coin en train de rire et de bavarder.

Quelle fin de l'histoire faut-il préférer? *Proposition :* en servant lui-même la cliente, Jacques Fayette réprimande les vendeurs de manière discrète. La cliente ne se rend compte de rien, et les vendeurs comprennent qu'ils ont été pris en flagrant délit de bavardage.

4 marketing

Étude de marché (pages 48 et 49)

Objectifs

- Analyser le marché de l'entreprise.
- Formuler les bonnes questions.
- Réaliser un questionnaire d'enquête.

➢ Point grammaire : la place des pronoms compléments, l'impératif.

Activité 1, page 48

Suggestions

- Les étudiants font l'exercice individuellement.
- Correction collective. S'interroger sur la définition du marketing et sur ce qui distingue « l'esprit marketing » des autres « esprits » de l'entreprise.

Corrigé

[...] l'une des premières questions que se pose un « esprit ***financier*** » concerne... [...] ; celle que se pose un « esprit ***producteur*** » concerne... [...] ; l'« esprit ***juridique*** » s'interroge sur la réglementation en vigueur; l'« esprit ***marketing*** », quant à lui, commence par...

Pour votre information

Pour vendre ses produits, l'entreprise doit savoir quoi vendre et à qui. Elle doit aussi savoir où vendre, comment vendre, quand vendre, etc. Bref, elle doit connaître son marché. C'est seulement après avoir répondu à ces questions, c'est-à-dire une fois qu'elle a étudié le marché, qu'elle peut passer à l'action. Dans une deuxième étape, elle prendra des décisions concernant : le produit, le prix, la communication, etc.

Activité 2, pages 48

Suggestions

- Les étudiants font l'exercice par groupes de deux, en quelques minutes.
- Correction collective.

Corrigé

Proposition :

Pour comprendre le problème, il vaudrait mieux interroger les clients qui sont partis.

Activité 3, 4, pages 48 et 49

Suggestions

- Commencer par lire et expliquer la leçon du jour.
- Les étudiants font les exercices individuellement.
- Correction collective après chaque exercice.

Corrigé

Activité 3

1. → 1. Ne restez pas dans le vague, utilisez des mots précis.

2. → 5. Ne suggérez pas la réponse.

3. → 2. Évitez les négations. (les questions négatives sont suggestives et difficiles à comprendre.)
4. → 3. Évitez les phrases trop longues.
5. → 4. Posez une seule question à la fois.

Activité 3
Proposition :

1. Utilisez-vous des produits de beauté ? ❏ oui ❏ ***non*** 2. Où achetez-vous ces produits ? ❏ ***Boutiques spécialisées*** ❏ ***Pharmacies*** ❏ ***Grandes surfaces*** ❏ Autres types de commerce. ❏ Lesquels ? .... 3. Pour quelles raisons ? ❏ ***Prix*** ❏ ***Qualité*** ❏ ***Confiance*** ❏ Conseils ❏ Emplacement ❏ Variété ❏ Autres ?	17. Votre situation professionnelle : ❏ Étudiant(e) ❏ Cadre ***supérieur*** ❏ ***Retraité(e)*** ❏ Cadre moyen ❏ ***Ouvrier(ère)*** ❏ Profession ***libérale*** ❏ ***Employé(e)*** ❏ Profession ***artisanale*** ❏ ***Commerçant(e)*** ❏ Femme au foyer ❏ ***Artisan*** ❏ Chef d'entreprise ❏ ***Chômeur(meuse)*** ❏ Autres ? 18. Votre lieu d'habitation : ❏ Village ❏ Ville de moins de 20 000 habitants ❏ ***Grande ville*** 19. Votre situation familiale : ❏ Marié(e) ❏ ***Sans enfants*** ❏ Célibataire avec enfant(s) 20. Votre âge ❏ moins de 20 ans ❏ 41 à 60 ans ❏ ***20 à 40 ans*** ❏ ***plus de 60 ans*** Lauréade, 63 rue Voltaire, 93700 Drancy

Activité 5, page 49

Suggestions
- Les étudiants font l'exercice par groupes de deux, en quelques minutes.
- Correction collective.

Corrigé

Proposition :
Il n'y a pas de réponse unique. Toutes les propositions sont les bienvenues, pourvu qu'elles soient justifiées.

Activité 6, page 49

Suggestions
- Les étudiants font l'exercice par groupes de deux pour le prochain cours.
- Certains questionnaires pourront être expérimentés en classe.

Corrigé

Proposition :

1. Combien de fois par mois allez-vous au cinéma ? ❏ une fois ❏ deux fois ❏ trois fois ❏ quatre fois ❏ plus de quatre fois ❏ jamais **2.** Diriez-vous que les billets de cinéma sont chers ? ❏ oui ❏ non **3.** Quel genre de film préférez-vous ? ❏ comédie ❏ drame ❏ fiction et fantastique ❏ historique ❏ western ❏ policier ❏ horreur ❏ dessin animé ❏ documentaire ❏ autres ? .... **4.** Vous préférez aller au cinéma : ❏ un jour de la semaine ❏ le week-end ❏ la semaine et le week-end	**5.** Vous préférez aller au cinéma : ❏ le matin (9 h – 12 h) ❏ l'après-midi (13 h – 18 h) ❏ le soir (19 h – 24 h) **6.** Vous allez au cinéma : ❏ seul(e) ❏ en famille ❏ avec des ami(e)s **7.** Vous préférez : ❏ les petits cinémas ❏ les grands complexes **8.** Pour quelle raison ? ❏ confort ❏ choix des films ❏ qualité du son et de l'image ❏ horaires ❏ autres ? .... **9.** Comment choisissez-vous vos films ? ❏ amis ❏ critiques ❏ publicité ❏ autres ? .... **10.** Votre lieu d'habitation : ❏ Village ❏ Ville de moins de 20 000 habitants ❏ Grande ville	**11.** Votre situation professionnelle : ❏ Étudiant(e) ❏ Cadre moyen ❏ Retraité(e) ❏ Cadre supérieur ❏ Ouvrier(ière) ❏ Profession libérale ❏ Employé(e) ❏ Profession artistique ❏ Commerçant(e) ❏ Femme au foyer ❏ Artisan ❏ Chef d'entreprise ❏ Chômeur(euse) ❏ Autres : .... **12.** Votre situation familiale : ❏ Marié(e) ❏ Sans enfant ❏ Célibataire ❏ Avec enfant(s) **13.** Votre âge ❏ – de 17 ans ❏ 17-23 ans ❏ 24-33 ans ❏ 34-50 ❏ plus de 50 ans **14.** Combien gagnez-vous par mois ? ❏ moins de 1 000 euros ❏ 1 000-2 000 euros ❏ 2 000-3 500 euros ❏ 3 500-5 000 euros ❏ plus de 5 000 euros

➢ Point grammaire, page 49

Corrigés

Exercice 1

Proposition :

1. Nous avons parlé ***du problème aux vendeurs***. – **2.** Elle n'a pas encore rendu ***les livres à Pierre***. – **3.** J'ai rencontré ***deux collègues au cinéma***. – **4.** Je préfère ne pas penser ***à mon travail***.

Exercice 2

1. Faites-***en*** une ! N'***en*** faites pas ! – **2.** Allez-***y*** ! N'***y*** allez pas ! – **3.** Interrogez-***les*** ! Ne ***les*** interrogez pas ! – **4.** Posez-leur-***en*** ! Ne leur ***en*** posez pas ! – **5.** Communiquez-***les-lui*** ! Ne ***les lui*** communiquez pas ! – **6.** Dites-***la-lui*** ! Ne ***la lui*** dites pas !

Définition du produit (pages 50 et 51)

Objectifs

- Positionner un produit.
- Trouver un nom de marque, choisir un conditionnement, fixer un prix.
- Rédiger un rapport.

➢ Point grammaire : la comparaison.

Activités 1, 2, page 50

Suggestions

Activité 1

- Expliquer la leçon du jour.
- Les étudiants répondent à la question par groupes de deux.
- Correction collective.

Activité 2

- Les étudiants font d'abord l'exercice individuellement. Ils essayent ensuite de s'entendre avec un collègue de classe sur des réponses communes.
- Correction collective.

Corrigé

Activité 1

Proposition :

Certes, le positionnement est simple (c'est un produit bon marché), mais il n'est ni désirable ni crédible :

– les parfums Bic ne sont pas désirables car un parfum n'est pas un stylo : c'est un produit de rêve et de luxe. Or, un parfum qui s'appelle Bic et qui est bon marché ne répond pas au besoin de rêve du consommateur. On n'offre pas un parfum Bic à sa fiancée ;

– les parfums ne sont pas crédibles par rapport à l'image de l'entreprise. Dans l'esprit du public, Bic vend des produits simples, bon marché, utilitaires, non des parfums. De plus, le prix, modique, des parfums Bic est plus un inconvénient qu'un atout. Car le consommateur associe le prix à la qualité du produit.

Bic a échoué en intervenant sur un territoire – le luxe – qui n'était pas le sien.

Activité 2

Proposition :

1. Utilité de la marque : elle permet d'identifier le produit. C'est un instrument de communication entre le producteur et le consommateur.

2. Les qualités d'un bon nom de marque : facile à prononcer et à mémoriser, adapté au produit, il peut être utilisé partout.

3. Synonymes de « packaging » : conditionnement, emballage.

4. Le conditionnement, c'est le graphisme, la couleur, le texte. Il attire l'attention du consommateur. Dans les magasins en libre-service, il vend le produit à la place du vendeur.

Activités 3, 4, page 51

Suggestions

Activité 3

- Les étudiants prennent connaissance de la situation et des consignes.
- Ils répondent aux questions à partir de la seule écoute, livre fermé.
- Deux étudiants lisent le dialogue à haute voix.
- On vérifie et on précise les réponses.

• Les étudiants, par groupes de deux ou trois personnes, recherchent un nom de marque, un conditionnement approprié, un prix ajusté. Toutes les propositions d'amélioration du produit sont les bienvenues.
• Finalement, l'entretien peut être joué, livre fermé.

Activité 4
• Travail individuel, à faire à la maison.

Corrigé

Activité 3
Proposition :
Il faudrait changer :
– le nom : il faut un nom facile à retenir, euphonique, c'est-à-dire facile à prononcer et agréable à entendre, et qui veut dire quelque chose pour le consommateur;
– le conditionnement : il faut une couleur gaie, vive;
– le prix : il doit être plus élevé.
Le positionnement sera tiré vers le haut de gamme, et il faut qu'il y ait une cohérence entre les différents éléments. Par exemple, comme le remarque John, si le nom rappelle un produit haut de gamme, le produit ne peut pas être bon marché.

Activité 4
Proposition :

De : John
À : Juliette
Objet : Biscuits Coin de rue

Bonjour,
Comme je te l'ai dit au téléphone, les ventes du produit « Coin de rue » en Angleterre sont moins bonnes que prévu. À mon avis, le nom, le conditionnement et le prix ne sont pas adaptés.
Pour un Anglais, le nom « Coin de rue » est difficile à prononcer. Chez les Anglais, un nom français suggère un produit de bonne qualité, surtout si c'est un produit alimentaire. Je crois donc que c'est une bonne idée de garder un nom français, mais à condition de trouver un nom facile à mémoriser et à prononcer. Il faudrait aussi que ce nom ait une relation quelconque avec le produit. Or, je n'ai pas compris le rapport entre un « Coin de rue » et un biscuit. Comme la Bretagne est réputée pour ses biscuits, et pas seulement pour ses crêpes, je te propose « Petite Bretonne » ou « Little Bretonne ». Qu'en penses-tu?
D'autre part, le packaging est à revoir. Les biscuits sont conditionnés dans une boîte toute grise, et c'est un peu triste. Il faut réfléchir à un autre conditionnement, plus gai, plus chic, qui soit en accord avec le produit. Je verrais bien sur la boîte la photographie d'une Bretonne en train de déguster un biscuit.
Dernière chose : le produit est trop bon marché. Pour cette raison, le consommateur pense que c'est un produit bas de gamme. Il ne comprend pas qu'un biscuit français soit vendu à un prix si bas. Comme je l'ai dit, un biscuit qui porte un nom français est perçu comme un biscuit de qualité. Il peut ou doit même être vendu comme tel. Je suggère donc de relever le prix de 25 %.
En résumé, je crois qu'il faut apporter des modifications à la fois au nom, au conditionnement et au prix de façon à tirer le produit vers le haut de gamme.
Il ne servirait à rien de modifier l'un de ces éléments sans toucher aux autres.
Bien à toi,
John

➢ Point grammaire, page 51

1. Le stylo Bic a de nombreuses qualités : il écrit ***aussi*** bien et il est ***plus*** léger ***que*** la plupart des stylos, c'est surtout le ***moins*** cher ***de*** tous.
2. L'huile d'olive est ***aussi*** grasse ***que*** les autres huiles.
3. Entre La Casserole et Chez Gobert, quel est ***le meilleur*** restaurant des deux ? – La Casserole est ***meilleur*** marché, mais ce n'est pas ***aussi*** bon que Chez Gobert. – Autrement dit, on mange mieux chez Gobert, mais c'est plus cher.

3 Méthodes de distribution (pages 52 et 53)

Objectifs

- Analyser et comparer différentes formes de distribution.
- Étudier les méthodes de vente.
- Rédiger un compte rendu.

➢ Point grammaire : les prépositions et les adverbes de lieu.

Activités 1, 2, 3, page 52

Suggestions

Activités 1

- Les étudiants lisent la leçon du jour, sans l'aide du professeur, et font l'activité individuellement.
- Avant la correction, le professeur explique la leçon du jour, en développant certains points (voir ci-dessous « Pour votre information »).
- Correction collective.

Activité 2

- Les étudiants font l'exercice individuellement.
- Correction collective.

Activité 3

- Les étudiants font d'abord l'exercice individuellement. Ils s'entendent ensuite avec un collègue de classe sur des réponses communes.
- Correction collective.

Corrigé

Activité 1

1. distributeurs. – **2.** consommateur. – **3.** gros, détail. – **4.** centrale d'achat, vend.

Activité 2

1. Quel produit faut-il vendre, à quel endroit… **2.** Ces techniques forment… **3.** Elles sont particulièrement importantes…

Activité 3

Proposition :

1. Vrai. Les hypermarchés placent les produits les plus rentables à hauteur des yeux, de façon à ce que le consommateur les voie bien et les achète.
2. Vrai. Les produits de première nécessité (en France, par exemple, les produits laitiers) sont placés au fond du magasin. Le consommateur doit traverser le magasin pour aller les chercher. En circulant dans les rayons, il remarque et achète d'autres produits.
3. Faux. Les produits pondéreux (lourds), comme les bouteilles d'eau minérale, sont placés au sol pour pouvoir être soulevés plus facilement.
4. Faux. Les articles en promotion ne sont pas placés au sol, mais à un endroit bien visible, à hauteur des yeux. On les trouve souvent en tête de gondole, c'est-à-dire à l'extrémité du rayonnage (la gondole est un meuble servant à présenter la marchandise dans un magasin en libre-service).

5. FAUX. Les produits complémentaires sont placés les uns à côté des autres : les brosses à dents près du dentifrice, le cirage et les chaussettes près des chaussures, etc.
6. VRAI. En cherchant un produit dont on a changé l'emplacement, le client découvre des produits nouveaux, qu'il n'avait pas l'habitude de consommer.

Pour votre information :

• ***Les méthodes de ventes*** sont différentes : vente traditionnelle en magasin (le client s'adresse à un vendeur), vente en libre-service, vente par correspondance (dont la vente par Internet est une forme), vente par distributeurs automatiques, à domicile, sur les marchés, etc. La vente en libre-service est caractérisée par le faible nombre de vendeurs et la liberté laissée au consommateur de se servir lui-même.
Il ne faut pas confondre le libre-service, qui est une méthode de vente, et le magasin qui utilise cette méthode. Ce magasin peut être de surface variable :
– le magasin de proximité (*convenience store* en anglais) : moins de 120 m^2 ;
– la supérette : de 120 m^2 à 400 m^2 ;
– le supermarché : de 400 m^2 à 2 500 m^2 ;
– l'hypermarché : plus de 2 500 m^2.

• ***Le marchandisage*** (en anglais : *merchandising*) est né avec le libre-service. Comme il n'y a plus de vendeurs, les produits doivent se vendre tout seuls. En Europe, les premières techniques du marchandisage ont été appliquées de façon méthodique à partir de 1960 et se sont rapidement développées dans les supermarchés et les hypermarchés. Exemples de techniques : les produits de grande consommation sont placés au fond du magasin de façon à faire circuler le client, les produits dont on veut pousser la vente sont placés à hauteur des yeux ou dans des présentoirs installés au carrefour des allées, les produits complémentaires sont placés les uns à côté des autres (chaussettes, chaussures, cirage), etc.

➢ Point grammaire, page 52

1. J'ai trouvé un ordinateur d'occasion ***à*** Lyon, ***chez*** un petit commerçant qui se trouve ***sur*** le boulevard Leduc, à deux pas ***de*** la grande place. La boutique est ***au*** rez-de-chaussée d'un petit immeuble.
2. J'ai acheté l'imprimante ***dans*** un grand magasin situé ***au*** centre-ville, ***sur*** la grande place. C'est un magasin de plusieurs étages. Le rayon informatique se trouve ***au*** dernier étage, ***sous*** les toits. Les imprimantes sont tout ***au*** fond, ***sur*** les étagères du haut.
3. Mon bureau se trouve ***dans*** la rue Colbert. ***Dans*** ce quartier, nous sommes entourés de magasins. D'un bout ***à*** l'autre de la rue, il y a partout des magasins.
4. Tous les matins, j'entre ***chez*** le libraire d'***en*** face pour acheter mon journal.
5. Le centre commercial se trouve ***en*** dehors ***de*** la ville. C'est ***à*** cinq kilomètres d'ici, ***aux*** environs de Créteil.

Activité 4, page 53

Suggestions

• Les étudiants écoutent, livre fermé.
• Ils font l'exercice **a**, à partir de la seule écoute.
• Ils lisent les deux déclarations.
• Vérifier et corriger les réponses à l'exercice **a**.
• Passer à l'exercice **b**. Analyser en détail les points de vue de Paul Leduc et de Jade Pilon. Comparer grand commerce et petit commerce (avantages et inconvénients de l'un et de l'autre). Parler du rôle de l'État.

Corrigé

Exercice a

1. *Face à la toute puissance de la grande distribution, il faut protéger les producteurs* : PAUL LEDUC (« Les grands distributeurs imposent des conditions inacceptables aux fabricants »).

2. *Le plus important, c'est l'intérêt du consommateur* : PAUL LEDUC (« On se retrouve dans une situation de monopole, dont le consommateur est la première victime ») et JADE PILON (« Cette concurrence oblige le petit commerce à se moderniser et à s'adapter aux besoins du consommateur »).
3. *L'État doit intervenir* : PAUL LEDUC (« L'État doit interdire la création de nouvelles grandes surfaces »).
4. *L'État doit rester à l'écart* : JADE PILON (« C'est à lui [le consommateur] de choisir et de décider, pas à l'État »).

Exercice b

Proposition :

Pour Paul Leduc, la concurrence entre petit commerce et grand commerce profite au consommateur, et c'est pour cette raison que l'État doit protéger les petits commerces. Sans cette protection, pense-t-il, les petits commerçants sont menacés de disparition. Si les grandes surfaces se retrouvent en situation de monopole, le consommateur n'a plus de choix. Pour Jade Pilon, en revanche, l'État ne doit pas intervenir. Face à la concurrence, le petit commerce doit se moderniser et s'adapter. Au bout du compte, le consommateur y gagne.
Tout en étant d'accord pour dire qu'il faut défendre l'intérêt du consommateur, tous deux arrivent à des conclusions différentes et s'opposent sur le rôle de l'État dans la vie économique : Paul Leduc est en faveur de l'intervention de l'État et Jade Pilon est contre. Mais en réalité, derrière ces déclarations, chacun défend ses propres intérêts : Paul Leduc défend les intérêts des petits commerçants et Jade Pilon défend ceux de la grande distribution.

Pour votre information

- ***Le grand commerce***

– Avantages : beaucoup de choix (un assortiment important), des prix compétitifs.
– Inconvénients : pas d'accueil, pas de vendeurs pour conseiller le client, service dépersonnalisé.

- ***Le petit commerce***

– Avantages : proximité, accueil, service personnalisé.
– Inconvénients : choix limité de produits (assortiment réduit), prix élevés.

Activité 5, page 53

Suggestions

- Travail individuel, à faire à la maison.

Corrigé

Proposition :

COMPTE RENDU DE DÉBAT

Pour Paul Leduc, les grands distributeurs peuvent proposer des produits à très bas prix parce qu'ils imposent des conditions inacceptables aux fabricants. Par exemple, certains hypermarchés demandent à leurs fournisseurs des délais de paiement d'un an. Les grandes surfaces ont ainsi la possibilité de pratiquer des prix extrêmement bas. De cette façon, ils peuvent écraser le petit commerce et éliminer la concurrence. On se retrouve dans une situation de monopole, dont le consommateur est la première victime. Pour protéger le petit commerce et le consommateur, l'État doit interdire la création de nouvelles grandes surfaces.

Pour Jade Pilon, au contraire, l'État doit rester à l'écart. Ce n'est pas à lui de choisir et de décider. Jade Pilon prétend que tous les types de commerce ont leur place : les hypermarchés proposant plus de 100 000 références, les supermarchés et les petits commerçants. La grande distribution et le petit commerce sont des secteurs complémentaires et non pas opposés. Le consommateur est le premier bénéficiaire de cette situation parce qu'il peut profiter d'une variété de l'offre. Avec cette concurrence, le petit commerce est obligé de se moderniser et de s'adapter aux besoins du consommateur.

4 Moyens de communication (pages 54 et 55)

Objectifs

- Analyser, comparer, choisir différents moyens de communication et de promotion.
- Analyser, concevoir un message publicitaire (radiophonique).

➢ Point grammaire : le discours rapporté (au présent).

Activité 1, page 54

Suggestions

- Les étudiants lisent la leçon du jour et font l'activité individuellement. Ils s'entendent ensuite avec un collègue de classe sur des réponses communes.
- Avant la correction, le professeur explique la leçon du jour, en développant certains points (voir ci-dessous « Pour votre information »).
- Correction collective.

auto

Corrigé

1. 4 – **2.** 7 – **3.** 9 – **4.** 2 – **5.** 1 – **6.** 3 – **7.** 6 – **8.** 8.

Pour votre information

Il ne suffit pas d'avoir un produit qui répond à un besoin. Encore faut-il le faire savoir. C'est tout l'objet de la politique de communication. Pour cela, l'entreprise dispose d'un certain nombre de moyens qu'on peut regrouper en trois familles :
– **la publicité** : elle vise à informer le public (rendre public). On distingue généralement la publicité par les grands médias et la publicité hors médias ;
– **la promotion des ventes** : elle est destinée à « pousser » le consommateur à acheter des produits de consommation courante. Pour être efficace, elle doit être limitée dans le temps : le consommateur doit percevoir un avantage exceptionnel et momentané au moment de l'achat ;
– **la communication institutionnelle** : elle est destinée à promouvoir l'image de l'entreprise et non à vendre un produit particulier. À côté du parrainage (= sponsoring) et des relations publiques, citons le mécénat, qui consiste à aider une œuvre ou une personne pour une activité d'intérêt général (*Ex.* : aide à la recherche médicale, à la lutte contre la pollution, à une fondation pour la musique, etc.).

Activité 2, page 54

Suggestions

- Les étudiants font l'exercice à deux. Temps de préparation : 5 minutes.
- Correction collective.

Corrigé

Proposition :

1. *La publicité à la radio convient bien aux produits de grande consommation* : VRAI. La radio touche un large public. Les messages reviennent fréquemment, et conviennent bien aux produits que le consommateur achète souvent. – **2.** *Une affiche publicitaire doit comporter beaucoup de texte écrit* : FAUX. Le passant n'a pas le temps de lire, il est distrait, pressé, l'affiche doit lui « sauter aux yeux ». – **3.** *Dans la presse, un message publicitaire peut être long et argumenté* : FAUX dans la presse quotidienne, car le message doit être bref et simplement informatif. VRAI dans la presse périodique (hebdomadaire, mensuel), car la lecture d'une revue est moins rapide que celle d'un quotidien et se fait généralement en plusieurs fois. – **4.** *La publicité en ligne (sur Internet) deviendra bientôt le premier moyen de communication publicitaire* : probablement FAUX si l'on en juge sa faible croissance jusqu'à présent.

Activité 3, page 54

Suggestions

- Les étudiants travaillent par groupes de trois ou quatre personnes. Temps de préparation : de 10 à 15 minutes.
- Un représentant de chaque groupe fait part des propositions du groupe, sans donner trop de détails.
- Le professeur pose la question suivante : « Parmi les propositions que vous avez entendues et qui ne sont pas les vôtres, quelles sont celles qui vous paraissent les plus intéressantes ? »
- Expliquer, commenter les propositions les plus intéressantes.
- Faire la synthèse des propositions retenues.

Corrigé

Proposition :

Maxime est à la tête d'une très petite entreprise. Son budget est certainement limité. Il faut donc exclure toute action de communication importante et coûteuse : publicité par mass media (y compris les grands magazines de mode ou de la presse féminine), sponsoring, etc.

Maxime peut :

– offrir ses vêtements à quelques personnalités bien choisies, qui pourront faire connaître ses créations auprès de leurs (nombreuses) relations. Le bouche-à-oreille peut lui amener quelques clientes ;

– déposer des dépliants ou cartes d'invitations dans certains lieux fréquentés par une clientèle argentée : salons de coiffure haut de gamme, boîtes de nuit, etc.

– participer à des salons liés à la mode, où il pourra rencontrer des professionnels du milieu, distribuer des prospectus, etc.

– participer à des défilés réservés aux jeunes créateurs ;

– trouver un autre emplacement pour sa boutique, car celui qu'il a choisi n'est pas le meilleur. Il trouvera peu de clientes parmi les passagers pressés de la gare ;

– ouvrir sa boutique dans un grand magasin ;

– créer un site Internet, etc.

Maxime n'a pas intérêt à réduire ses prix car il prendrait le risque de déprécier son image.

Activité 4, page 55

Suggestions

- S'assurer que la situation et les consignes sont claires pour tout le monde.
- Les étudiants résolvent le cas par groupes de deux ou trois.
- Correction collective. Faire la synthèse des propositions retenues.

Corrigé

Proposition :
Cet accord n'est pas satisfaisant pour au moins deux raisons :
– avec le parrainage (= le sponsoring), seul apparaît le nom du produit. Il n'y a pas d'explication. À quoi sert le parrainage? À rappeler au consommateur l'existence d'un produit qu'il connaît déjà, mais pas à lancer un produit ou une marque inconnus. Dans notre cas, l'animateur de l'émission devrait au moins expliquer que « Mir » est une barre de chocolat, ce que les consommateurs téléspectateurs ne savent même pas;
– les principaux consommateurs de barres de chocolat sont les enfants, non les personnes âgées.
Propositions : mise en avant du produit (*Ex.* : têtes de gondoles) dans les grandes surfaces, annonces publicitaires diffusées lors d'une émission destinée aux enfants.

Activités 5, 6, 7 page 55

Suggestions
• Les étudiants font les exercices individuellement.
• Correction collective après chaque exercice.
• En complément de ces activités, il peut être intéressant d'analyser une annonce publicitaire extraite d'un journal francophone. Cette annonce peut être choisie par le professeur ou par les étudiants. Les étudiants devront se placer du point de vue de l'annonceur : quels peuvent être l'objectif commercial, l'objectif de communication, la cible de cette annonce? Quels mécanismes utilise-t-on pour convaincre? Quelle est son efficacité?

Corrigé

Activité 5
1. Une voiture (Volkswagen Passat, en 1990) – **2.** Produit cosmétique. – **3.** Journal (de presse, radiophonique, etc.). – **4.** Téléphone.

Activité 6
Produit proposé : un diffuseur de parfum pour la voiture. La scène se passe dans un parking. Mme Dupont se trouve dans sa voiture. Il y a quatre acteurs.

Activité 7
a. Il manque le slogan : « Ambi-pur Car, le parfum de votre voiture! »
b. *Proposition :* un bon message publicitaire radiophonique raconte une histoire, originale, souvent drôle, il est court (de 20 à 30 secondes), clair, le nom du produit est répété une ou deux fois, le slogan est simple, facile à mémoriser.
Le message a souvent deux parties :
– l'histoire (*Ex.* : la saynète dans le parking), d'une part,
– la présentation du produit, d'autre part (*Ex.* : le message Ambi-pur informe sur le produit lui-même : un parfum pour la voiture) et sur le lieu de vente (disponible en grande surface).

Activité 8, page 55

Suggestions
• Des équipes de trois à quatre étudiants préparent un spot (message) publicitaire. Temps de préparation : environ 20 minutes. À la liste proposée, le professeur peut ajouter d'autres produits : un café, un parfum, un aspirateur, une voiture, une agence immobilière, etc.
• Chaque équipe joue le spot devant la classe.
• Les messages peuvent également être enregistrés, puis écoutés par la classe.

➢ Point grammaire, page 55

Elle veut savoir :
1. ce qu'elle peut faire pour changer l'image de son entreprise;

2. à quel moment ils doivent commencer leur campagne d'affichage ;
3. s'il leur faut participer au Salon de Paris ;
4. ce qui est le plus rentable.

Force de vente (pages 56 et 57)

Objectifs

- Comprendre le rôle de la force de vente.
- Reconnaître les qualités d'un bon vendeur.
- Découvrir différentes techniques de vente.
- Mener un entretien de vente.

➢ Point grammaire : l'infinitif, complément du verbe.

Activités 1, 2, 3, page 56

Suggestions

- Les étudiants travaillent par groupes de deux.
- Correction collective après chaque exercice.

Corrigé

Proposition :

Activité 1

Tout dépend de la taille du marché. Le coût du contact par le vendeur est bien plus élevé que le coût du contact par la publicité. Si le marché est important, il n'est pas possible d'utiliser la force de vente.

Activité 2

a. Tamara et son client sont à l'origine du MX 76.
b. Les vendeurs collectent toutes sortes d'informations auprès de leurs clients. Ils peuvent ensuite faire remonter l'information à l'entreprise, comme l'a fait Tamara. À partir de ces informations, l'entreprise pourra mieux répondre à la demande du marché. La publicité, quant à elle, ne renvoie pas d'informations.

Activité 3

Mode de rémunération	Avantages	Inconvénients
Fixe	• Pour le vendeur : sécurisant. • Pour l'entreprise : facile à comptabiliser.	• Pour le vendeur : peu stimulant. • Pour l'entreprise : il faut contrôler l'activité du vendeur.
Commission	• Pour le vendeur : stimulant. • Pour l'entreprise : le vendeur est payé seulement s'il obtient des résultats. Il n'y a pas besoin de contrôler le vendeur.	• Pour le vendeur : il attache seulement de l'importance au chiffre d'affaires. Il « pousse » les produits faciles à vendre et il a tendance à négliger ceux qui ne sont pas immédiatement rentables.
Prime	• Pour l'entreprise : elle peut orienter le vendeur sur la vente de certains produits pendant une période déterminée (*Ex.* : lancement d'un nouveau produit).	• Pour l'entreprise : il y a un risque que les produits sans prime soient délaissés par le vendeur.

Activités 4, 5, 6, page 56

Suggestions

Activité 4

- Les étudiants lisent la leçon du jour et font l'activité individuellement.
- Correction collective. Expliquer la leçon du jour, en développant certains points.

Activités 5

- Les étudiants font l'exercice individuellement.
- Correction collective.

Activité 6

- Les étudiants font l'exercice par groupes de deux.
- Correction collective.

Corrigé

Activité 4

Étape 1 : Accueillir. – *Étape 2 :* Découvrir. – *Étape 3 :* Argumenter. – *Étape 4 :* Traiter les objections. – *Étape 5 :* Conclure.

Activité 5

1. Étape 3. – **2.** Étape 5. – **3.** Étape 4 (L'objection du client aurait pu porter sur la complexité du mode d'emploi. « J'ai l'impression que c'est difficile à utiliser », aurait-il pu dire. Dans ce cas, le vendeur a intérêt à reformuler l'objection de manière positive : « Si j'ai bien compris, vous voulez savoir si c'est facile à utiliser. ») – **4.** Étape 2.

Activité 6

Proposition :

1. Faux (avant de présenter le produit, le vendeur doit accueillir le client, puis rechercher les besoins de ce client). – **2.** Faux (pour découvrir les besoins du client, le vendeur doit poser des questions, et non pas argumenter). – **3.** Vrai (le vendeur sait faire parler le client). – **4.** Vrai, dans le cas où le vendeur est certain de ne plus revoir le client.

Activité 7, page 57

Suggestions

- Par groupes de deux, les étudiants s'entendent sur des réponses communes.
- Correction collective.

Corrigé

Proposition :

La réplique 5 est préférable. Le vendeur reflète ce que dit le client, qui se sentira compris et qui pourra ainsi avancer de manière autonome au cours de l'entretien.

Que penser des autres répliques ?

1. *Ne vous inquiétez pas ! Vous ne risquez rien avec nos produits.*

Le vendeur force la décision du client. C'est risqué. Le client peut accepter les indications du vendeur, mais il peut aussi s'y refuser énergiquement.

2. *Vous, vous êtes en train de chercher une excuse pour ne pas acheter.*

Le vendeur interprète les dires du client de manière abusive. Le client peut en être agacé et adopter une attitude de refus.

3. *Les comparaisons ne servent pas à grand-chose, vous savez.*

Le vendeur porte un jugement négatif sur les propos du client. Ce dernier peut se sentir agressé et vouloir agresser à son tour le vendeur.

4. *Mon père est comme vous, il aime bien juger en connaissance de cause.*
Le vendeur souligne une communauté d'expérience, et cherche à dédramatiser le problème du client. Mais le client ne connaît pas le père et peut interpréter la remarque négativement. D'autre part, le vendeur a intérêt à garder une certaine distance avec son client. Il devrait éviter de parler de sa vie familiale. Il aurait mieux fait d'apporter un soutien au client en disant simplement : « Je suis comme vous, j'aime bien... ».
6. *Je ne comprends pas, quel genre de comparaison voulez-vous faire ?*
Poser des questions pour obtenir des précisions est nécessaire à certains stades de l'entretien, et notamment quand le vendeur cherche à connaître les besoins du client. Dans certains cas, toutefois, le client peut se sentir soumis à un interrogatoire et refuser de s'y soumettre. En tout cas, le vendeur ne devrait pas dire qu'il ne comprend pas car il laisse entendre que le client s'exprime mal ou raconte des bêtises.

Activité 8, page 57

Suggestions

- Les étudiants font l'exercice individuellement.
- Correction collective.

Corrigé

Exercices a, b

1. que puis-je faire pour vous ? – **2.** cherchez-vous ? – **3.** Bien sûr, monsieur. – **4.** Je comprends. – **5.** envoyer ? – **6.** Qu'en pensez-vous ? – **7.** Désirez-vous ? – **8.** Souhaitez-vous régler ?

Exercice c

C'est une bonne vendeuse pour les raisons suivantes :
– elle suit les différentes étapes de la vente : accueil du client, découverte de ses besoins, argumentation, traitement des objections, conclusion ;
– elle propose un produit qui correspond aux besoins du client ;
– elle traite l'objection avec tact : elle reformule, abonde dans le sens du client (« Je comprends », dit-elle, car il ne faudrait pas dire : « Mais non, ce n'est pas cher »), elle propose au client d'essayer les lunettes, etc.

Jeu de rôle, page 57 •••••

Suggestions

- S'assurer que la situation et les consignes sont claires pour tout le monde.
- Après le jeu de rôle, les étudiants font un rapide compte rendu de l'entretien qu'ils viennent d'avoir. Le client a-t-il acheté les lunettes ?

→ Voir *Comment jouer à deux*, page 12.

➢ Point grammaire, page 57

Corrigé

1. D'abord un bon vendeur tâche **de**... – **2.** Il commence **à**...• **3.** Il évite **de**..., il aime mieux **Ø**... – **4.** Il s'efforce **de**... – **5.** Il est capable **de**... – **6.** Il veut **Ø**..., il n'essaye pas **de**.... Il ne cherche pas **à**... – **7.** Il préfère **Ø**... Il pense qu'il vaut mieux **Ø**... – **8.** Il ne craint pas **de**... – **9.** Il finit **par**...

Bilan de compétences (pages 58 à 61) ••••••••••••••••••••••••••••

A. Lire (pages 58 et 59)

Activités 1 et 2, pages 58 et 59

Suggestions

• Les étudiants font les exercices individuellement.

• Correction collective après chaque exercice.

• Dans la lettre de l'activité 1 (page 58), repérer les différents moyens employés par la société Océane pour « accrocher » le client : le cadeau et la possibilité de gagner 50 000 euros, le « dernier avis », la personnalisation et le ton de la relation (« Cher monsieur Taillefer », « J'attends avec impatience de vos nouvelles et vous dis à très bientôt »), les textes en caractères gras (« un cadeau entièrement gratuit », « notre grand jeu de Noël », « 50 000 euros », « protéger votre famille est notre vocation première »), le sérieux de l'entreprise (« Société d'assurances depuis 1928 ») et de l'offre (« protéger votre famille est notre vocation première », « nous voulons répondre au mieux à vos besoins »), etc.

Corrigé

Activité 1

1. *Chantal Vasseur a déjà écrit à M. Taillefer :* VRAI (« Dernier avis », il y a donc eu des avis précédemment, « Permettez-moi de revenir à vous... »).

2. *L'assurance « Superfamille » est un tout nouveau contrat de Océane :* FAUX (« ce contrat qui connaît, depuis de nombreuses années... »)

3. *Pour recevoir un cadeau, M. Taillefer doit simplement demander une documentation* : VRAI (« Indiquez-nous vite votre choix sur la demande de documentation ci-jointe. Vous recevrez votre cadeau dans les quinze jours »). Attention : il ne faut pas confondre la demande de documentation et la documentation elle-même ; c'est la demande de documentation qui est ci-jointe, pas la documentation. M. Taillefer a reçu un formulaire pour demander la documentation, mais il n'a pas reçu la documentation.

4. *Une demande de documentation et un questionnaire sont joints à cette lettre :* VRAI (« sur la demande de documentation ci-jointe », « de nous retourner le questionnaire ci-joint »).

5. *Pour participer au grand jeu de Noël, M. Taillefer doit obligatoirement demander une documentation.* (« Pour cela [pour participer au grand jeu de Noël], il vous suffit de remplir le questionnaire ci-joint. »)

Activités 2

5. Cet outil accroît la sécurité... – **2.** Le caissier peut fournir aux clients... – **4.** Le passage à la caisse... – **1.** Les clients peuvent visualiser... – **6.** Les clients peuvent connaître...

B. 🎧 Écouter (page 60)

Activité 1, page 60

Suggestions

• Avant l'écoute, il est important que les étudiants lisent le questionnaire avec attention.
Pour mieux le comprendre, ils peuvent y répondre eux-mêmes ou l'utiliser pour interviewer un collègue de classe. (Voir *Comment écouter*, page 25).

• Faire écouter deux fois, si nécessaire.

• Correction collective.

• Deux étudiants lisent la transcription de l'enregistrement, chacun tenant un rôle.

• On vérifie les réponsess.

Corrigé

Pratiques de lectures

1. En dehors de l'école, combien de livres lis-tu chaque mois ?
❑ 0 ❑ 1 ☒ 2 ❑ 3 ❑ 4 ❑ Plus de 4

2. Comment choisis-tu un livre ?
❑ Conseils de camarades ☒ Page de couverture
❑ Conseils d'adultes ❑ Autres : ....

3. Pourquoi lis-tu ?
❑ Pour apprendre ☒ Pour me distraire ❑ Autres : ....

4. Quels sont les sujets qui t'intéressent ?
❑ L'amour ☒ L'amitié ❑ La mort
❑ Le sport ❑ La guerre ❑ La violence
❑ L'actualité ❑ Autres : ....

5. Quel type de textes préfères-tu ?
☒ Le roman ❑ Le documentaire ☒ La BD
❑ La nouvelle ❑ Le théâtre ❑ La poésie
❑ La biographie ❑ Autres : ....

6. Quelles sont les principales qualités que doit avoir un livre pour te plaire ?
Une bonne histoire, avec un peu d'action.

8. Quels sont tes deux auteurs préférés ?
Zola, Victor Hugo

Activité 2, page 60

Suggestions

- Les étudiants écoutent et complètent les mentions manquantes.
- Correction collective.
- Distribuer les rôles et faire lire la transcription de l'enregistrement. Les étudiants s'efforcent de mettre le ton.

Corrigé

Message 1 : ***Parfum*** Sensation, une nouvelle ***sensation chaque jour***.
Message 2 : ***L'aspirateur*** Tornado, ***rien ne lui échappe***.
Message 3 : ***Café*** Palmier, le ***café qui apporte la douceur***.
Message 4 : MAAF, ***chercheur en vie meilleure***.

C. – Écrire (page 61)

Suggestions

- S'assurer que la situation est claire pour tout le monde.
- Les étudiants mettent les paragraphes dans l'ordre individuellement, puis s'entendent avec un collègue de classe sur des réponses communes.
- Correction collective de cet exercice.
- Travail individuel : les étudiants écrivent la lettre à la maison.

Corrigé

Proposition :

Lauréade
Beauté et cosmétique

CASSEPRIX
98, avenue Michelet
93170 BAGNOLET

Drancy, le 17 mars 2010

Objet : Test Anaïs

À l'attention de monsieur Lechef, responsable du magasin

Monsieur,

Lors de ma visite de ce jour dans votre supermarché, j'ai relevé de graves irrégularités concernant le test Anaïs.

En effet, contrairement aux clauses de notre contrat du 3 mars, les produits Anaïs étaient placés par terre et le matériel publicitaire avait disparu.

Lorsque j'ai voulu vous faire part de mes observations, il m'a été répondu que vous étiez en congé pour deux jours.

Tel qu'il a été pratiqué, le test n'a aucune valeur.

Je vous prie donc de bien vouloir le prolonger d'une semaine.

Je reste dans l'attente de votre réponse.

Je vous prie de recevoir, Monsieur, mes meilleures salutations.

Camille Dupont
Responsable commerciale

Société anonyme au capital de 37 000 euros
63, rue Voltaire – 93700 Drancy – Tél. 01 43 62 97 46 – Fax. 01 43 63 78 62
www.lauréade.eur

D. Parler (pages 61)

Suggestions

- S'assurer que la situation, telle qu'elle est décrite à la page 61, est bien comprise de tous. Que fait la société Meyer ? Où se trouvent les personnes A et B ? Qui est Paul Chen ? Où est-il ? Qui est Victor Dujardin ? Où est-il ? Etc.
- Une fois que la situation est claire pour tout le monde, le jeu peut commencer. Les joueurs communiquent librement, sans l'intervention du professeur. (Voir *Comment jouer à deux*, page 12.)
- Mise en commun : expliquer pourquoi MM. Suzuki et Dujardin n'ont pas réussi à s'entendre. Les étudiants donnent leur point de vue. Débat.

Corrigé

Proposition :

Pourquoi MM. Suzuki et Dujardin n'ont pas réussi à s'entendre ? On peut évoquer au moins trois possibilités :

– bien qu'il ait dit à M. Chen que le produit était de grande qualité, M. Suzuki n'était pas véritablement intéressé par le produit ;
– Victor Dujardin n'a pas compris comment les choses fonctionnaient au Japon. Il a manqué de tact. C'était à lui, le vendeur, de s'adapter, pas au client ;
– il y a un problème de communication dû au malentendu culturel. M. Suzuki n'a pas expliqué explicitement qu'il devait demander l'avis de ses collaborateurs. Il l'a simplement laissé entendre. De son côté, Victor Dujardin, qui est habitué à une communication explicite, n'a pas compris que M. Suzuki avait besoin de temps pour prendre une décision, qu'il ne voulait ni ne pouvait décider seul, qu'il devait prendre l'avis de ses collaborateurs.

5 correspondance professionnelle

Prise de contact (pages 62 et 63)

Objectifs

- Identifier les partenaires de l'entreprise.
- Demander et envoyer un formulaire (par lettre).
- Proposer, changer, fixer un rendez-vous (par e-mail, plus et moins formellement).

➢ Point grammaire : les différentes façons de demander (conditionnel, impératif, etc.).

Activités 1, page 62

Suggestions

- Les étudiants lisent la leçon du jour et font l'exercice individuellement, sans l'aide du professeur.
- Le professeur explique la leçon du jour – si besoin, en développant certains points.
- Correction collective.

Corrigé

Destinataire de la lettre : le bureau des immigrations.

Pour votre information

Un partenaire est une collectivité (une entreprise, une administration) avec laquelle une autre collectivité a des relations, des échanges. Le mot « partenaire » n'est pas l'équivalent du mot anglais « *partner* ».

Activités 2, page 62

Suggestions

- Les étudiants font l'exercice par groupes de deux.
- Correction collective.

Corrigé

Les trois phrases sont des formules de conclusion : elles doivent être placées juste avant une formule de salutations.

La phrase 2 (« Je vous en remercie par avance ») peut être utilisée dans la lettre de M. Lefloch.

La phrase 1 (« Je reste dans l'attente de votre réponse ») convient dans une lettre de demande d'information. Ce n'est pas le cas ici, M. Lefloch demandant simplement un formulaire.

La phrase 3 (« Je reste à votre disposition pour tout renseignement complémentaire ») peut être utilisée quand on transmet une information. *Ex.* : la lettre de l'activité 3 suivante.

Activité 3, page 62

Suggestion

- Travail individuel. Cette lettre est courte. Les étudiants peuvent l'écrire en classe, en 10 minutes. Le professeur leur demande d'utiliser l'une des deux expressions suivantes : « *À la suite de* » ou « *En réponse à* ». Il note ces expressions au tableau (elles ne figurent pas dans *Les expressions de la correspondance professionnelle* des pages 114 et 115 du livre de l'élève).
- Pendant que les étudiants écrivent, et à condition qu'ils ne soient pas trop nombreux, le professeur passe auprès de chacun d'eux pour conseiller, corriger.

• Correction collective.
→ Pour rédiger toute correspondance, utiliser *Les expressions de la correspondance professionnelle*, pages 114 et 115.

Corrigé

Proposition :

> PJ : 1 formulaire
> Objet : formulaire XYZ88
>
> Monsieur,
> À la suite de votre courrier du 7 mars 2010 concernant l'embauche d'un étranger, nous vous adressons ci-joint le formulaire XYZ88.
> Nous restons à votre disposition pour tout renseignement complémentaire.
> Veuillez recevoir, Monsieur, nos salutations distinguées.

(Cette courte lettre est signée par un agent administratif.)

➢ Point grammaire, page 62

Corrigé

4. Je vous prie de m'envoyer... – **1.** Envoie-moi – **3.** Merci de m'envoyer... – **2.** Pourrais-tu m'envoyer... ? (Le tutoiement est la marque d'une relation informelle.)

Pour votre information

Merci de + *infinitif présent* = je vous demande. *Ex.* : Merci de m'envoyer...
Merci de + *infinitif passé* = je vous remercie. *Ex.* : Je vous remercie de m'avoir envoyé...

■ Activité 4, page 63

Suggestions
• Les étudiants font l'exercice par groupes de deux.
• Correction collective.

Corrigé

1. *Valérie est une cliente de Manuel* : FAUX. Valérie est soit une collègue de travail de Manuel (ils pourraient travailler dans la même entreprise, mais à des endroits différents) soit le fournisseur, mais certainement pas une cliente.
2. *Valérie est allée au Brésil cette année.* VRAI. « J'aimerais loger dans le même hôtel que celui de février dernier », écrit-elle. Nous sommes en octobre et le mois de « février dernier » est celui de cette année.
3. *Valérie et Manuel sont des amis intimes* : FAUX. Valérie et Manuel sont sans doute assez proches. Pour plusieurs raisons : le titre de civilité (« Cher manuel »), le tutoiement, la demande de réservation d'une chambre. Mais plusieurs raisons permettent de dire que ce ne sont pas des amis intimes :
– la formule de salutation employée par Valérie : on ne termine pas une lettre adressée à un(e) ami(e) intime par « Cordialement » ;
– la signature : elle signe de son nom de famille, une amie intime aurait écrit son prénom ;
– enfin, on peut supposer que, s'ils étaient intimes, Manuel hébergerait Valérie chez lui. Des informations personnelles, sans rapport avec le travail, auraient également pu se glisser dans le message.

Activité 5, page 63

Suggestions

- Les étudiants écrivent un petit texte individuellement.
- À condition qu'ils ne soient pas trop nombreux, le professeur passe auprès de chaque étudiant pour corriger.
- Correction collective : écrire au tableau quelques bonnes propositions des étudiants.

Corrigé

Proposition :

Valérie peut inviter Manuel dans un restaurant qu'elle connaît, elle peut lui demander de choisir un restaurant et de réserver une table, elle peut l'inviter à dîner ou à déjeuner, etc.
Ex. : « L'été dernier, j'ai découvert un bon restaurant à côté de ton bureau. C'est le "Baracao". On pourrait y déjeuner après notre rendez-vous. Peux-tu nous réserver une table ? C'est moi qui invite. Qu'est-ce que tu en dis ? » (40 mots).

Activité 6, page 63

Suggestions

- La classe répond collectivement à la question de l'exercice **a**.
- Faire la synthèse des propositions retenues.
- Travail individuel : les étudiants font l'exercice **b** à la maison.

Corrigé

Proposition :

Exercice a

Que devrait changer Valérie à son e-mail ? Elle devrait :
– vouvoyer son correspondant,
– ne pas mentionner l'hôtel de février dernier,
– ajouter une conclusion et trouver une formule de salutation plus formelle.
Doit-elle lui demander de réserver une chambre ? Peut-être pas, si Manuel est un client. À la rigueur, si Manuel travaille pour la même société (ou le même groupe).

Exercice b

De : Valérie Kaufman
À : Manuel Tavares
Date : Mardi 23 octobre 2010, 10:18
Objet : Voyage à Rio

Cher Monsieur,
Je serai à Rio les 3 et 4 novembre et je serais heureuse de vous présenter notre nouvelle gamme de produits. Je vous propose de me rendre à votre bureau le 4 novembre à 11 heures. Si vous n'étiez pas disponible à cette heure, je suis prête à vous rencontrer à tout autre moment qui vous conviendrait.
Je reste dans l'attente de votre réponse.
Cordiales salutations.
Valérie Kaufman

Activités 7, page 63

Suggestions

- Les étudiants écoutent, livre fermé.
- Ils répondent aux questions, à partir de la seule écoute.
- Deux étudiants lisent le dialogue, chacun jouant un rôle.
- On vérifie les réponses.

• Le professeur note au tableau les expressions du téléphone : « *Pourrais-je parler à…?* », « *C'est elle-même.* », « *C'est Touraffaire à l'appareil* », « *Je vous appelle au sujet de…* ». Des expressions utiles pour engager une conversation téléphonique.
(Voir *Les expressions de la communication téléphonique*, pages 116 et 117.)
• Faire jouer le dialogue, livre fermé.

Corrigé

L'agent de voyage appelle pour informer Valérie Kaufman que le vol du 2 novembre est complet. Valérie Kaufman reporte son départ au lendemain, à la même heure.

Activité 8, page 63

Suggestions

Travail individuel, à faire à la maison.

Corrigé

Proposition :

De : Valérie Kaufman
À : Manuel Tavares
Date : Jeudi 25 octobre 2010, 14:48
Objet : RE : Voyage à Rio

Cher Manuel,
Je viens d'être informée que le vol du 2 novembre est complet. Je devrai partir un jour plus tard que prévu, c'est-à-dire le 3, et je serai donc à Rio du 4 au 6 novembre.
Pouvons-nous reporter notre rendez-vous ainsi que notre dîner au 5 novembre?
Dans le cas où tu aurais déjà fait une réservation à l'hôtel, merci de bien vouloir décaler les dates d'un jour.
Désolée pour ce contretemps.
Merci de me confirmer.
À bientôt.
Valérie

2 Commande en ligne (pages 64 et 65)

Objectifs

• Comparer différents moyens de passer commande.
• Examiner un accusé de réception de commande.
• Remplir un bon de commande.
➢ Point grammaire : la condition.

Activités 1, 2 page 64

Suggestions

• Les étudiants répondent collectivement aux questions.
• Expliquer le sens de certains termes du formulaire : moyens de paiement, espèces (= liquide), désignation (= description des articles commandés), « Qté » (= quantité), port (= transport), etc.

Corrigé

Activité 1

Proposition :

Examinons les trois moyens de passer commande cités dans la « Leçon du jour » : le téléphone, la lettre et le bon de commande. Chacun de ces moyens présente des avantages et des inconvénients.

• **Le téléphone :**
– Avantages : il est rapide.
– Inconvénients : les risques d'erreur ou d'omission sont importants, et il ne laisse pas de preuve.
Il convient bien aux commandes urgentes, mais il est prudent de confirmer la commande par écrit.
• **La lettre :**
– Avantages : elle permet d'écrire en détail et librement.
– Inconvénients : les risques d'oubli sont importants, il faut du temps et des qualités de rédacteur.
Elle convient bien aux commandes particulières et exceptionnelles.
• **Le bon de commande :**
– Avantages : c'est un formulaire, facile et rapide à remplir. Les risques d'oubli sont limités.
– Inconvénients : il ne convient pas aux commandes particulières.
C'est le moyen le plus utilisé. Il convient aux commandes ordinaires, c'est-à-dire à la majorité des commandes. Il peut être envoyé par la poste, par télécopie (fax), par Internet.

Activité 2
Le formulaire est un bon de commande.

Pour votre information

On distingue le bon de commande et le bulletin de commande :
– le bon de commande est un formulaire établi par le client. Il porte l'en-tête du client ;

– le bulletin de commande est établi par le fournisseur, à son en-tête. On trouve des bulletins de commande dans la presse (journaux, magazines), que le client remplit et renvoie.
Le document présenté à l'activité 2 est donc, strictement parlant, un bulletin de commande. Mais en pratique, on parle de bon de commande dans tous les cas.

Activité 3, page 64

Suggestions
• Les étudiants font l'exercice par groupes de deux.
• Correction collective. Le professeur recueille les avis, sans donner le sien, dans un premier temps du moins.

Corrigé

Proposition :
• Avantages d'une librairie en ligne, comme *chaPitre.com* :
– L'assortiment est très large : *chaPitre.com* propose l'ensemble des livres neufs distribués en France ainsi que des centaines de milliers de livres anciens ou épuisés. Grâce à son réseau de libraires, *chaPitre.com* réunit plusieurs librairies en une seule.
– Le client n'a pas besoin de se déplacer.
– Il peut commander 24 heures sur 24.
– Il peut facilement trouver ce qu'il recherche et comparer les prix.
• Inconvénients :
– Encore faut-il avoir Internet.
– Le client ne peut pas feuilleter, toucher les livres.
– Il doit savoir ce qu'il veut.
– Les délais de livraison peuvent être longs.
En conclusion, les avantages semblent supérieurs aux inconvénients.

Activité 4, page 64

Suggestions

• Les étudiants répondent individuellement aux questions **a** et **b**.

• Correction collective. Examiner le formulaire : Qui est le fournisseur? Comment s'appelle le client? Quelle est la date de la commande? Les livres sont-ils toujours disponibles au moment de la commande?

Corrigé

Exercice a

Type de document : un accusé de réception de commande.

Exercice b

ChaPitre.com
21, rue de l'Échiquier
75010 PARIS

Moyens de paiement
❏ chèque
☒ carte bancaire
❏ espèces

Nom et adresse du client :
Adrien Wagner
Attilaplatz 11
1000 Berlin 19
Allemagne

Désignation	Prix unitaire	Qté	Prix total
affaires.com, Penfornis J.-L., Cle International	14,25	1	14,25
	Sous-total		14,25
	Emballage		0
	Port		4,50
	TOTAL		18,75

➢ Point grammaire, page 64

1. était – **2.** passerions – **3.** aurions passé – **4.** soit – **5.** serait

Service clientèle (pages 66 et 67)

Objectifs

• Découvrir les différents problèmes de livraison.
• Organiser son écrit, utiliser des mots de liaison.
• Formuler et traiter une réclamation (par lettre, par téléphone, par e-mail).
➢ Point grammaire : la cause.

Activités 1, 2, page 66

Suggestions

• Se demander d'abord dans quels cas on envoie une lettre de réclamation. Les étudiants donnent des exemples, rapportent des expériences.

• Les étudiants font individuellement les exercices des activités 1 et 2.

• Le professeur présente la leçon du jour, en expliquant combien il est important d'ordonner les informations : dans une lettre, il ne faut pas vouloir dire tout à la fois.

• Correction collective.

• Relever certains mots ou expressions fréquemment utilisés dans ce type de correspondance : « *nous vous serions reconnaissants de* », « *expédier* », « *nous avons bien reçu* », « *faisant l'objet de* » (= concernant), « *référencée ci-dessus* », « *dans les meilleurs délais* » (= le plus rapidement

possible), « *passé commande* », « *conditions de vente* », « *délais de livraison* », « *je serais obligé de* », « *annuler ma commande* », « *dans le cas contraire* » (= sinon).
• Noter les mots de liaison : « *toutefois* » et « *or* » pour exprimer l'opposition, « *en conséquence* » et « *donc* » pour exprimer la conséquence. Faire à ce moment l'exercice du point grammaire sur la cause.

Exercice supplémentaire :
• Le professeur écrit au tableau le texte suivant :

> Madame, Monsieur,
>
> Nous .... les chapeaux .... ci-dessus.
>
> Toutefois, ... la marchandise, nous avons .... chapeaux.
>
> En conséquence, nous .... les chapeaux manquants.
>
> Nous .... avance.
>
> Veuillez .... distinguées.

• Les étudiants travaillent par groupe de deux. À l'aide des notes du tableau, un étudiant lit la lettre à son camarade (pour cela, il lui suffit compléter les mentions manquantes). L'étudiant qui écoute a le texte intégral sous les yeux. Il corrige et aide son camarade. Puis on inverse les rôles.
• Correction collective : un étudiant lit la lettre à la classe.
• Procéder de la même façon avec le texte suivant :

> Bonjour,
>
> Le 3 mars, je .... un sac de voyage. D'après ....
>
> étaient de 3 jours.
>
> Or, nous sommes le 25 mars, et ....
>
> Je vous .... ces produits ....
>
> Dans .... ma commande.
>
> Je .... prompte livraison.
>
> ....

Corrigé

Activité 1

1. Nous avons bien reçu… **2.** Toutefois, en déballant la marchandise… **3.** En conséquence, nous vous serions reconnaissants… **4.** Nous vous en remercions par avance. **5.** Veuillez recevoir…

Activité 2

1. Le 3 mars, je vous ai passé commande… **2.** Or, nous sommes le 25 mars… **3.** Je vous demande donc… **4.** Dans le cas contraire, je serais obligé… **5.** Je reste dans l'attente… **6.** Meilleures salutations.

Pour votre information

Lorsque la marchandise arrive chez le client, trois situations peuvent donner lieu à réclamation :
1. La marchandise n'est pas conforme à la commande : le client reçoit une marchandise qu'il n'a pas commandée. *Ex.* : il reçoit une table alors qu'il a commandé des chaises, il reçoit une bicyclette rouge alors qu'il a commandé une bicyclette verte, etc.
2. La marchandise est en mauvais état.
3. Il manque des marchandises.

➢ Point grammaire, page 66

Suggestions

• Le professeur explique d'abord les cas d'utilisation des mots de liaison proposés, en donnant des exemples :
– « à force de » + *infinitif* désigne une répétition : *Ex.* : À force d'essayer, il finira par réussir.
– « car » est une variante de « parce que », mais dans un registre plus soutenu. *Ex.* : Il faudrait ranger la salle, car il y a un grand désordre.
– « comme » insiste sur le lien logique entre la cause et l'effet et se place généralement en tête de phrase. *Ex.* : « Comme il faisait beau, elle est allée se promener ».
– « en effet » explicite ce qui vient d'être énoncé, et peut se placer en tête, en cours ou en fin de phrase. *Ex.* : J'ai très faim. En effet, je n'ai pas mangé depuis hier.
– « en raison de » + *nom*. *Ex.* : Ils sont arrivés en retard en raison des embouteillages.
– « Faute de » + *nom* indique une idée de quantité et exprime une absence ou une carence. *Ex.* : Faute de médicaments, le malade est mort en quelques jours.
• Les étudiants font l'exercice individuellement.
• Correction collective.

Corrigé

1. Comme – **2.** car – **3.** À force de – **4.** Faute de – **5.** En raison de – **6.** qui – **7.** En effet

Activité 4, page 67

Suggestions

• Les étudiants écoutent, livre fermé.
• Ils répondent aux questions individuellement, à partir de la seule écoute.
• Correction collective.
• Deux étudiants lisent le dialogue, chacun jouant un rôle.

Corrigé

1. Date de la commande : le 18 mai. – **2.** Date de la livraison : on ne peut pas savoir. – **3.** Qui a livré la marchandise ? On ne sait pas. – **4.** La cliente a-t-elle obtenu satisfaction ? Disons qu'elle peut espérer obtenir bientôt satisfaction.

Activité 5, page 67

Suggestions

• Travail individuel, à faire à la maison

Corrigé

Proposition :

De : Sabine Rossi
À : Télitech
Date : 28 mai 2010, 9:12
Objet : commande 1768 du 18 mai

Je viens de recevoir le bureau pour ordinateur (réf. 00539) que j'avais commandé le 18 mai.
J'ai dû arrêter le montage parce qu'il manquait une pièce : il s'agit de la planche n° 6.
Merci de bien vouloir me livrer cette pièce manquante dans les meilleurs délais.
Meilleures salutations.
Sabine Rossi

Jouez à deux, page 67 •••••

Suggestions

• Les joueurs communiquent librement, dans le cadre de la situation. (Voir *Comment jouer à deux*, page 12.)
• Chaque groupe rend compte brièvement à la classe du résultat de la communication téléphonique. Toutes les hypothèses sont les bienvenues.

Activités 6, 7, page 67

Suggestions

• Les étudiants répondent d'abord par groupes de deux.
• Correction collective. Le professeur recueille les avis, anime la discussion, ne donne pas tout de suite son avis.

Corrigé

Proposition :

Activité 6

Un service après-vente efficace fidélise la clientèle. Certaines entreprises mettent en avant la qualité de leur service après-vente dans leur communication publicitaire.

Activité 7

Document 1 :

La lettre, l'e-mail, le téléphone ont chacun leurs avantages :
– La lettre, surtout si elle est recommandée, peut impressionner et constituer un meilleur moyen de preuve. Elle a un côté formel, mais aussi menaçant. On peut la réserver aux affaires d'une certaine importance.
– L'e-mail sera utilisé pour des réclamations de moindre importance. C'est un moyen de communication pratique, rapide, bon marché, moins formel que la lettre. On peut envoyer une copie aux personnes intéressées.
– Un appel téléphonique permet d'obtenir une réponse ou une explication immédiate. Pour beaucoup de gens, il est plus facile de s'expliquer en parlant qu'en écrivant. Mais le téléphone ne laisse aucune trace. Il peut être coûteux. Il est parfois difficile de joindre la personne ou le service compétent ou souhaité.

Document 2 :

On dit que le client est roi. Dans la mesure du possible, il est préférable de lui donner raison, même s'il a tort.

Document 3 :

Les réclamations sont souvent des critiques, et nombre de critiques peuvent être constructives. Elles peuvent amener l'entreprise à changer, à se moderniser, à mieux s'adapter au marché.

4 Règlement de facture (pages 68 et 69)

Objectifs

• Examiner les différents délais et moyens de paiement.
• Demander un délai de paiement (par lettre, au téléphone).
• Répondre par écrit à une demande de délai de paiement.
➢ Point grammaire : la conséquence.

Activité 1, page 68

Suggestions

• Les étudiants lisent la leçon du jour et font l'exercice individuellement.

• Le professeur explique la leçon du jour, en développant certains points (voir ci-dessous « Pour votre information »).
• Correction collective.

Corrigé

1. *Payer au comptant, ça veut dire payer en espèces* (= en liquide) : FAUX. Payer au comptant, ça veut dire payer immédiatement. On peut payer au comptant en espèces, mais aussi par chèque ou par carte bancaire; et on peut payer à terme en espèces.
2. *Le chèque est un moyen de paiement* : VRAI.
3. *La carte bancaire est un délai de paiement* : FAUX. La carte bancaire est un moyen de paiement. Attention : le mot anglais *« delay »* se traduit en français par « retard », non par « délai » (voir lexique).

Pour votre information

• S'interroger sur les moyens de paiement, c'est se demander comment on paie.
• S'interroger sur les délais de paiement, c'est se demander quand on paie.

Les délais de paiement : Quand paie-t-on?	
Au comptant (= immédiatement)	**À terme (= plus tard)**
– à la commande : le client verse un acompte (une partie du prix) au moment de la commande. – à la livraison : le client paie à la réception de la marchandise ou quelques jours après.	– à un jour fixe : par exemple, le 30 avril. – après un certain délai : par exemple, à 30 jours fin de mois de facturation, ce qui veut dire que le client paie 30 jours à compter de la fin du mois où a été envoyée la facture.

Activité 2, page 68

Suggestions

• La classe répond à la question.
• Rechercher dans la lettre les mots ou expressions qui signifient « *envoyer* » (adresser, faire parvenir), « *le plus rapidement possible* » (dans les meilleurs délais), « *paiement* » (règlement).

Activité supplémentaire :

• Le professeur écrit le texte suivant au tableau :

> Madame, Monsieur,
>
> Nous vous .... du 21 février, ... 4 320,50 euros.
>
> Malgré .... impayée.
>
> Vous voudrez .... délais.
>
> Nous .... avance.
>
> Veuillez ....

• Les étudiants travaillent par groupes de deux. À l'aide des notes du tableau, un étudiant lit la lettre à son camarade (pour cela, il lui suffit compléter les mentions manquantes). L'étudiant qui écoute a le texte intégral sous les yeux. Il corrige et aide son camarade. Puis on inverse les rôles.
• Correction collective : un étudiant lit la lettre à la classe.

Corrigé

Vous êtes le client.

Activités 3, page 68

Suggestions

- Les étudiants complètent le texte à l'aide des tableaux des pages 114 et 115.
- Correction collective.
- Noter ou rechercher des mots ou expressions qui signifient « *À la suite de* » (= en réponse à), « *veuillez trouver ci-joint* » (= vous trouverez ci-joint/ci-inclus), « *Nous vous adressons nos excuses pour…* » (= Nous vous prions d'excuser…).

Corrigé

Madame, ***Monsieur***,
À la suite de votre ***lettre*** du 23 mars, veuillez ***trouver*** ci-joint un chèque de ***4 320,50*** euros en ***règlement*** de votre ***facture*** du 21 ***février***.
Nous vous adressons nos ***excuses*** pour ce ***retard*** de ***paiement***.
Nous vous ***prions*** de recevoir, ***Madame***, Monsieur, nos ***salutations*** distinguées.

Activité 4, page 68

Suggestions

- Les étudiants font l'exercice par groupes de deux.
- Correction collective. Faire la synthèse des propositions retenues.

Corrigé

Proposition :

On peut poursuivre le client en justice. Mais il y a un risque : le débiteur peut être déclaré en faillite et le créancier peut alors ne plus jamais recouvrer sa créance (= être payé).
Avant d'en venir aux poursuites judiciaires, le créancier peut essayer de négocier avec son débiteur. Plusieurs solutions sont alors possibles : délai de paiement supplémentaire, fractionnement dans le temps du paiement de la dette, transaction sur une partie de la somme due, etc.

Pour votre information

Le client *demande* une réduction et le fournisseur accorde une réduction.
Il y a plusieurs sortes de réductions :
– *l'escompte* : pour paiement au comptant (= immédiat) ;
– *le rabais* : pour compenser un défaut de qualité ou de conformité des marchandises, ou un retard de livraison ;
– *la remise* : en raison de l'importance de la commande ;
– *la ristourne* : accordée *a posteriori* sur le montant des factures de l'année, pour remercier le client de sa fidélité.

➢ Point grammaire, page 68

Suggestions

- Relever et expliquer le vocabulaire des affaires : *facturer une marchandise* (porter une marchandise sur une facture), *trésorerie* (ressources disponibles : compte en banque, caisse), *remise*, *délai de paiement*, *accorder* (une réduction, un délai de paiement), *facture rectificative* (modifiée), *sous huitaine* (dans huit jours).

Corrigé

1-**a** – 2-**d** – 3-**b**

Activité 5, page 69

Suggestions

- Les étudiants écoutent, livre fermé.
- Ils répondent aux questions individuellement, à partir de la seule écoute.
- Deux étudiants lisent le dialogue, chacun jouant un rôle.
- On vérifie les réponses.

Corrigé

a. L'entretien a lieu le 25 février (La facture est datée d'hier, 26 février).
b. M. Dubreuil demande un délai de paiement de la facture n° 197 (il a des problèmes de trésorerie (= d'argent) dus à la modernisation de son magasin).
c. La correspondante de Ixtel va transmettre la demande à Mme Simon, la responsable de la facturation. On ne sait pas ce que va faire Mme Simon.

Activité 6, page 69

Suggestions

- Les étudiants font l'exercice **a** individuellement.
- Correction collective.
- Les étudiants font l'exercice **b** individuellement, en classe ou à la maison. Ils doivent respecter l'ordre des paragraphes tel qu'il a été établi.

Corrigé

Exercice a

1. Nous avons reçu ce jour... – **2.** Nous vous serions reconnaissants actuellement... – **3.** En effet, nous connaissons actuellement... (« *en effet* » explicite ce qui vient d'être énoncé et doit donc être placé après la demande) – **4.** Nous restons dans l'attente de... – **5.** Veuillez recevoir...

Exercice b

Proposition :

Paris, le 27 février 2010
Objet : facture 197
À l'attention de Mme Simon, responsable de la comptabilité
Madame,
Nous avons reçu ce jour la facture n° 197 du 26 février relative à notre commande du 7 févier.
Nous vous serions reconnaissants de nous accorder un délai de paiement d'un mois, soit jusqu'au 30 mars.
En effet, nous connaissons actuellement quelques difficultés de trésorerie passagères.
Nous restons dans l'attente de votre réponse.
Veuillez recevoir, Madame, nos salutations les meilleures.
Michel Dubreuil

Activité 7, page 69

Suggestions

• Les étudiants font d'abord l'exercice individuellement. Ils s'entendent ensuite avec un collègue de classe sur des réponses communes.
• Correction collective.

Corrigé

Monsieur,
Nous faisons ***suite*** à votre ***appel*** téléphonique du 27 février par lequel vous nous demandez un ***délai*** de paiement d'un mois de la ***facture*** n° 197 du 24 février, d'un ***montant*** de1 460 euros.
Étant ***donné*** l'ancienneté de nos relations, il nous est agréable de répondre favorablement à votre ***demande***.
Nous ***espérons*** que cette solution vous donnera satisfaction.
Nous comptons donc sur votre ***règlement*** le 30 mars.
Nous vous prions de recevoir, Monsieur, nos ***salutations*** distinguées.
Fanny Simon
Responsable de la comptabilité

Activité 8, page 69

Suggestions

• Travail individuel : les étudiants écrivent la lettre à la maison, à l'aide des tableaux des pages 114 et 115 (expressions de la correspondance professionnelle).

Proposition d'activité supplémentaire :

• Les étudiants traiteront le sujet suivant : « Nous sommes le 14 avril. Mme Simon a envoyé la lettre de l'exercice 7, mais n'a toujours pas reçu de paiement. Mettez-vous à sa place et envoyez une lettre de rappel à M. Dubreuil. »

Corrigé

Proposition :

Paris, le 28 février 2010
Monsieur,
Nous faisons suite à votre appel téléphonique du 27 février par lequel vous nous demandez un délai de paiement d'un mois de la facture n° 197 du 24 février, d'un montant de1 460 euros.
À notre vif regret, il ne nous est malheureusement impossible de vous donner satisfaction.
En effet, nous connaissons actuellement nous-mêmes des difficultés de trésorerie.
Nous comptons sur votre prompt règlement.
Nous espérons que vous comprendrez vos raisons et vous prions d'agréer, Monsieur, nos salutations distinguées.
Fanny Simon
Responsable de la comptabilité

Activité supplémentaire :

Paris, le 14 avril 2010
Monsieur,
Sauf erreur de votre part, nous constatons que la facture référencée ci-dessous n'a fait l'objet d'aucun règlement à ce jour :
– Numéro : 197
– Date : 26 février 2010
– Montant : 1 460 euros
– Échéance : 30 mars
Nous pensons qu'il s'agit d'un oubli de votre part et vous remercions de bien vouloir régulariser cette situation dans les meilleurs délais.
Dans cette attente, nous vous prions de recevoir, Monsieur, nos sentiments dévoués.
Fanny Simon
Responsable de la comptabilité

5 Question d'assurance (pages 70 et 71)

Objectifs

- Comprendre le mécanisme de l'assurance.
- Demander des informations à l'assureur (par écrit).
- Informer l'assureur, déclarer un sinistre.
- Répondre à une déclaration de sinistre.

➢ Point grammaire : le but.

Activités 1, 2, page 70

Suggestions

Activité 1

- Les étudiants lisent la leçon du jour et font l'exercice individuellement. Ils s'entendent ensuite avec un collègue de classe sur des réponses communes.
- Le professeur explique la leçon du jour, en développant certains points (voir ci-dessous « Pour votre information »).
- Correction collective.

Activité 2

- Les étudiants font l'exercice individuellement.
- Correction collective.

Corrigé

Activité 1

Proposition :

1. Le risque est un danger futur et éventuel. Le sinistre est un événement passé : c'est la réalisation du risque. *Ex.* : le mot « vol » peut désigner un risque et un sinistre : c'est un risque si le vol n'a pas eu lieu, et un sinistre si le vol a eu lieu.
2. Le dommage est la conséquence d'un sinistre.
3. À la conclusion du contrat d'assurance, l'assuré (ou, plus précisément, le souscripteur) verse une prime à l'assureur. Après un sinistre, l'assureur verse une indemnité à l'assuré (ou à tout autre bénéficiaire désigné par le contrat), en réparation d'un dommage. Autrement dit, la prime est payée par l'assuré (le souscripteur) à l'assureur avant le sinistre alors que l'indemnité est versée par l'assureur à l'assuré (ou à un bénéficiaire) après le sinistre.

Activité 2

Pourriez-vous visiter les lieux et nous faire une proposition en nous indiquant précisément les ***risques*** couverts et le montant de la ***prime***?

Pour votre information

• Le contrat d'assurance est passé entre l'assureur et le souscripteur.
Il faut distinguer :
– *le souscripteur* qui signe le contrat;
– l'assuré dont les biens ou la personne sont exposés à un risque;
– *le bénéficiaire* qui reçoit l'indemnité en cas de sinistre.
Une même personne cumule souvent les trois qualités.
• Il existe deux grandes catégories d'assurances : les assurances de personnes et les assurances de dommage.

Assurances de personnes		**Assurances de dommages**	
Assurance-vie	**Assurances individuelles pour les maladies et accidents corporels**	**Assurances de choses (ou de biens)**	**Assurances de responsabilités**
• En cas de décès : si l'assuré meurt, un capital ou une rente est versé à la personne désignée dans le contrat d'assurance. • En cas de vie : si l'assuré est encore en vie à une certaine date, l'assureur lui verse un capital ou une rente.	En France, la maladie est considérée comme un risque social, couvert par une administration publique (la Sécurité sociale).	En cas de destruction, de dégradation ou de disparition matérielle des biens assurés, l'assureur verse une indemnité.	Si l'assuré est responsable du dommage (matériel ou corporel) qu'il a causé à une autre personne, son assureur indemnise la victime.

Activité 3, page 70

Suggestions

• Les étudiants font l'exercice individuellement.
• Le professeur passe auprès de chacun d'eux et indique le nombre de réponses justes, le meilleur score étant de trois réponses justes. L'étudiant continue à réfléchir jusqu'à ce que toutes ses réponses soient correctes.
• Correction collective.

Corrigé

1. *Cette lettre est une déclaration de sinistre* : FAUX. Caroline Moreno informe l'assureur que la situation, telle qu'elle existait au moment de la conclusion du contrat d'assurance, a changé. Une station-service s'est installée à côté de l'entrepôt. Il n'est pas question de sinistre – pas encore.
2. *Le risque « vol » s'est aggravé* : FAUX. Le risque « incendie » s'est aggravé, pas le risque « vol ».
3. *En cas d'aggravation du risque, l'assureur est en droit, en principe, d'augmenter la prime* : VRAI. L'assuré a l'obligation de déclarer l'aggravation et l'assureur peut alors soit résilier (rompre) le contrat, soit poursuivre le contrat en proposant une surprime.

Activité 4, page 70

Suggestions

• Travail individuel : les étudiants font l'exercice à la maison.

Corrigé

Proposition :

> Madame,
> Nous avons bien reçu votre lettre du 25 septembre et avons pris bonne note qu'une station-service s'était installée près de votre entrepôt.
> Afin d'évaluer l'aggravation du risque incendie, M. Félix, agent de notre compagnie, vous rendra visite le 3 octobre, à 14 heures.
> Veuillez nous confirmer si ces date et heure vous conviennent.
> Nous restons à votre disposition pour tout complément d'information.
> Nous vous prions de recevoir, Madame, nos salutations les meilleures.

➢ Point grammaire, page 70

Suggestions

• Expliquer d'abord la règle : « pour » + *infinitif* si le sujet des deux propositions est le même, « pour que » + *subjonctif* si les sujets sont différents.

Corrigé

1. J'ai lu attentivement la police pour bien connaître mes obligations. – **2.** J'ai expliqué la situation pour que l'assureur puisse calculer le montant de la prime. – **3.** Je me suis assuré pour que nous soyons garantis contre le risque incendie. **4.** J'attends l'expert demain pour qu'il évalue les dommages.

Activités 5, page 71

Suggestions

• Les étudiants répondent individuellement aux questions **a**, **b**, **c**.
• Correction collective. On notera que, dans cette lettre :
– le mot « police » est employé à deux reprises, mais dans deux sens différents ;
– le mot « régler » a plusieurs sens : celui de payer (*ex.* : régler une facture/une indemnité) et celui de résoudre (*ex.* : régler un problème). Ici, le « règlement du sinistre » se réfère à l'action de résoudre, et non pas à celle de payer.

Corrigé

a. Mathieu Gaillard a été victime d'un vol à son domicile. La porte a été fracturée. L'ordinateur a disparu.
b. M. Gaillard demande le règlement du sinistre, ce sinistre étant constitué par le vol de l'ordinateur et la fracturation de la porte. L'assureur pourrait lui verser une indemnité couvrant le prix de l'ordinateur (850 euros) et la réparation de la porte (95 euros), soit au total 945 euros.
c. M. Gaillard a joint à sa lettre la déposition pour vol et une copie de la facture de l'ordinateur. Il manque la facture correspondant à la réparation de la porte.

Activité 6, page 71

Suggestion

• Travail individuel : les étudiants rédigent la lettre à la maison.

Corrigé

Proposition :

Assurances Primevert
72, boulevard Pasteur
21000 Dijon

Mathieu Gaillard
13, rue Rabelais
75008 Paris

Paris, le 5 mars 2010

Objet : Règlement de sinistre

Monsieur,

Nous avons bien reçu votre lettre du 3 mars concernant le vol de votre ordinateur et la fracturation de la porte.
Toutefois, vous avez omis de nous adresser une copie de la facture correspondant à la réparation de la porte.
Afin de faire suite à votre demande de règlement de sinistre, nous vous prions de nous faire parvenir ce document dans les meilleurs délais.
Nous restons à votre disposition pour tout complément d'information.
Veuillez recevoir, Monsieur, nos meilleures salutations.

Pierre Dupont
Service Indemnisation

Activités 7, page 71

Suggestions

Activité 7

- Les étudiants travaillent par groupe de deux. Ils imaginent les causes possibles du sinistre. Toutes les hypothèses sont les bienvenues.
- Correction collective.

Corrigé

Proposition :

Exercice a

Cause présumée du sinistre : l'appareil de chauffage.
Autres causes possibles : court-circuit dans un ordinateur, mégot de cigarette, acte criminel (un salarié licencié met le feu pour se venger, la directrice de l'agence met le feu pour que la banque reçoive une indemnité de la compagnie d'assurances), etc.

Exercice b

JCK est le fabricant de l'appareil de chauffage. Travodur est l'installateur et le réparateur.
Qui est responsable ? L'article met en cause Travodur, sans toutefois lui donner la parole et donc sans lui permettre de se défendre.

Activité 8, page 71

Corrigé

Travail individuel : les étudiants rédigent la lettre à la maison.

Corrigé

Proposition :

BANQUE AZUR
AGENCE MAGENTA
71-73, boulevard Magenta
75010 PARIS
Tél. : 01 42 44 88 44
paris.magenta@bo.paris.eur

ASSURANCES PRIMEVERT
72, boulevard Pasteur
75015 PARIS

V/Réf. : Police XXX

Paris, le 6 octobre 2010

Lettre recommandée avec accusé de réception

Objet : incendie

Madame, Monsieur

Nous vous informons qu'un incendie s'est déclaré ce matin même, dans notre agence située à l'adresse ci-dessus indiquée. Les dégâts sont de l'ordre de 300 000 euros.
Une enquête est ouverte pour identifier les causes du sinistre.
Nous vous serions reconnaissants de faire le nécessaire pour le règlement rapide de ce sinistre.
Veuillez recevoir, Madame, Monsieur, mes meilleures salutations.

Anaïs Pontillon
Directrice

Bilan de compétences (pages 72 à 75)

A. Lire (pages 72 et 73)

Activité 1, page 72

Suggestions

- Les étudiants font d'abord l'exercice individuellement. Ils s'entendent ensuite avec un collègue de classe sur des réponses communes.
- Correction collective.

→ Voir *Comment lire*, page 25.

Corrigé

Lettre 1 : il faut supprimer « *J'attends vos instructions concernant cette marchandise.* ». Cette phrase peut être utilisée dans la lettre 3, après le troisième paragraphe : « ... je ne peux pas conserver le lot que vous m'avez envoyé. *J'attends vos instructions...* ».

Lettre 2 : il faut supprimer « *Je ne peux pas me passer plus longtemps de ce moyen de paiement.* ». La facture n'est pas un moyen de paiement. Cette phrase peut être utilisée dans la lettre 1, de préférence à la fin du deuxième paragraphe : « ... ma carte n'est toujours pas disponible. *Je ne peux pas me passer...* ».

Lettre 3 : il faut supprimer « *Ce document était accompagné d'une facture d'un montant de 355 euros.* ». Cette phrase peut être utilisée dans la lettre 2, à la fin du premier paragraphe : « … Comme convenu, je vous ai envoyé cette traduction le 10 avril. *Ce document était accompagné…* ».

Activité 2, page 73

Suggestions

- Travail individuel : les étudiants répondent aux questions, sans l'aide du professeur.
- Correction collective. On notera que :

– cette page contient une carte d'invitation, deux e-mails, une carte de visite.
– que le premier e-mail (adressé à la Maison des conférences) est moins formel que le deuxième.
Relever les expressions employées pour exprimer une demande : *nous souhaiterions, merci de, je vous serais reconnaissant de, vous voudrez bien*.

Corrigé

1. Saint Fior est une entreprise de prêt-à-porter (vêtements fabriqués en série, de qualité supérieure, généralement conçus par un styliste de mode, par opposition au *sur mesure*).
2. Saint Fior est un client de la Maison des conférences.
3. Saint Fior n'est pas un client, mais un fournisseur de Guillaume Martin.
4. Le 24 février aura lieu la présentation de la nouvelle collection de Saint Fior : défilé suivi d'un coktail.
5. À l'exception de l'envoi des vœux de Jean-Charles Delamare, les trois autres courriers nécessitent une réponse : dans la carte d'invitation, « RSVP » veut dire « Répondre s'il vous plaît », les auteurs des deux e-mails demandent une information.

Pour votre information

C'est une habitude fréquente, en France, d'envoyer ses vœux en écrivant à la main sur une carte de visite, comme le fait Jean-Charles Delamare, le directeur de Saint-Fior.

B. Écouter (page 74)

Activités 1, 2, page 74

Suggestions

- Lecture collective des consignes. Avant d'écouter, et pour chaque exercice, la situation et les consignes doivent être parfaitement claires pour tout le monde. (Voir *Comment écouter*, page 25.)
- Faire écouter deux fois.

Corrigé

Activité 1

Il y a quatre différences entre le texte écrit et l'enregistrement.
Les deux remarques suivantes entre parenthèses sont le fait de la cliente. Elles apparaissent dans l'enregistrement, mais pas dans le texte écrit :
– ***(C'est un bon produit)***, c'est à peu près ce que je recherche
– ***(Écoutez)***, pour votre première commande…
La cliente parle d'une ***centaine*** d'articles dans le texte écrit, mais seulement d'une ***dizaine*** dans l'enregistrement.
Elle dit « C'est ***déjà*** mieux » dans le texte écrit, mais elle dit « C'est ***beaucoup*** mieux » dans l'enregistrement.

Activité 2

1. Mme A. demande une information. – **2.** M. B. réserve une place d'avion. – **3.** Mme C. veut passer une commande de 80 boîtes. – **4.** M. D. modifie une commande. – **5.** On répond à Mme E.

que le réparateur est indisponible pour l'instant. – **6.** La marchandise est incomplète. – **7.** La réclamation de Mme G. porte sur un retard de livraison. – **8.** La réclamation de M. H. porte sur un problème de livraison. – **9.** Mme I. veut payer moins cher. – **10.** Les articles sont incomplets.

C. – Écrire (page 75)

Corrigé

Proposition :

De : La Casserole
À : Mobeco
Date : 4 avril 2010

Objet : facture n° 576 du 3 avril
Madame, Monsieur,
J'ai bien reçu votre facture n° 576 du 3 avril concernant ma commande du 20 mars 2010. Cette facture contient toutefois une erreur. En effet, vous avez facturé deux tables jaunes au prix unitaire de 220 euros alors que votre liste de prix indique 190 euros.
Je vous demande donc de bien vouloir me faire parvenir une facture rectificative, et je vous réglerai dans les meilleurs délais.
Merci par avance.
Meilleures salutations.
M. Cazenave

D. Parler (page 75)

Suggestions

• Les joueurs communiquent librement, dans le cadre de la situation. Si besoin, le professeur apporte des éclaircissements sur la situation, mais il se garde d'intervenir directement dans la conversation. (Voir *Comment jouer à deux*, page 12.)
• Chaque groupe rend compte brièvement à la classe du résultat de la conversation.

6 résultats et tendances

Secteurs d'activité (pages 76 et 77)

Objectifs

• Définir un secteur.
• Analyser l'évolution d'un secteur.
• Analyser le chiffre d'affaires d'une entreprise et son évolution.
• Rédiger un rapport.
➢ Point grammaire : le discours rapporté (au passé) : la concordance des temps.

Activité 1, page 76

Suggestions

• Les étudiants font l'exercice individuellement, sans l'aide du professeur. Ils s'entendent ensuite avec un collègue de classe sur des réponses communes.
• Le professeur explique la leçon du jour, en développant certains points (voir ci-dessous « Pour votre information »).
• Correction collective des exercices.

Corrigé

Le secteur ***primaire*** est donc resté prépondérant. Dans ces pays, la part du secteur ***tertiaire*** se maintient à un niveau élevé. Quant au secteur ***secondaire***, il occupe peu de travailleurs.

Pour votre information

• Dans le secteur primaire, on peut opposer :
– le secteur primaire *élémentaire*, qui comprend les travailleurs des pays pauvres, caractérisé par une économie de subsistance et un outillage rudimentaire ;
– le secteur *évolué*, constitué d'exploitations (entreprises) modernes, qui produisent pour vendre.
• Dans le secteur secondaire, on classe toutes les activités de transformation. L'industrie agroalimentaire (Nestlé, Danone, etc.) est classée dans le secteur secondaire, non dans le secteur primaire.
• Dans le secteur tertiaire, on distingue :
– le secteur tertiaire *marchand*, composé d'entreprises privées qui vendent leurs produits au prix du marché (fixé selon l'offre et la demande) ;
– le secteur tertiaire *non marchand*, constitué des administrations publiques qui offrent des services gratuits ou à un prix administré (fixé par l'administration).
Dans le secteur tertiaire, on peut également distinguer :
– le secteur tertiaire *primitif* (emplois domestiques, petit commerce), très développé dans les pays pauvres ;
– le secteur tertiaire *évolué* (assurances, banques, professions libérales).
Au fur et à mesure que se développe une économie, la part du secteur primaire diminue au profit des deux autres et surtout au profit du secteur tertiaire.

Répartition de la population active dans les pays industrialisés

	1950	1970	2000
Secteur primaire	28 %	13 %	5 %
Secteur secondaire	35 %	39 %	29 %
Secteur tertiaire	37 %	48 %	66 %

➢ Point grammaire, page 76

Suggestions

- Les étudiants font l'exercice.
- Correction collective.
- Livre fermé, les étudiants récapitulent ce qu'a dit Inès Buisson : « Elle a dit que… ».

Corrigé

Inès Buisson a expliqué que, dans les pays riches, la part du secteur primaire ***avait chuté*** et que le secteur tertiaire ***s'était développé*** de manière considérable. Elle a précisé que, dans les pays pauvres, l'agriculture ***constituait*** encore le principal moyen de subsistance et que le secteur primaire ***était resté*** prépondérant. Elle a ajouté que la part du secteur tertiaire ***se maintenait*** à un niveau élevé et que le secteur secondaire ***occupait*** peu de travailleurs.

Activité 2, page 77

Suggestions

- Les étudiants écoutent, livre fermé.
- Travail individuel : les étudiants disent si les affirmations sont vraies ou fausses, à partir de la seule écoute.
- Deux étudiants lisent le dialogue, chacun jouant un rôle.
- Les étudiants vérifient leurs réponses avec un collègue de classe. Par groupes de deux, ils se mettent d'accord sur des réponses communes. Le professeur passe auprès de chaque groupe et indique le nombre de réponses justes. Le groupe continue à réfléchir jusqu'à ce que toutes les réponses soient justes.
- Correction collective.

Corrigé

1. *Cette année, le bénéfice de Sicard a augmenté de 10 %* : FAUX. C'est le chiffre d'affaires qui a augmenté de 10 %, non le bénéfice.
2. *Caroline dit que les ventes de Binette sont six fois plus élevées que celles de Sicard* : FAUX. Caroline dit simplement que les ventes de Binette ont augmenté de 60 %, mais ne dit pas ce que ces ventes représentent par rapport à celles de Sicard.
3. *Jean-Paul devra réorganiser le service des ventes* : FAUX. Jean-Paul va être licencié.

Activités 3, page 77

Suggestions

- Les étudiants répondent par groupes de deux.
- Correction collective.
- Le professeur écrit au tableau les chiffres suivants : 4,8 %, 8 %, 20 %, 25 %, 70,2 %. Il demande aux étudiants ce que ces chiffres représentent.

Solution : 4,8 % : part de marché du petit commerce. 8 % : taux de croissance du marché du bricolage cette année. 20 % : taux de réduction de la part de marché des supermarchés et hypermarchés. 25 % : part de marché des supermarchés et hypermarchés. 70,2 % : part de marché des grandes surfaces spécialisées.
En fait, le texte indique explicitement la part de marché des petits commerces (4,8 %) et des grandes surfaces spécialisées (70,2 %). On ne peut connaître la part de marché des supermarchés et hypermarchés que par déduction : 100 – (4,8 + 70,2) = 25. (Dire que le poids des supermarchés et hypermarchés s'est réduit de 20 %, comme le dit l'article, ce n'est pas dire que cette forme de distribution représente 20 %.)

Corrigé

Petits commerces : 4,8 %
Grandes surfaces spécialisées : 70,2 %
Supermarchés et hypermarchés : 25 %

Activité 4, page 77

Suggestions

- Travail individuel.
- Correction collective.

Corrigé

Proposition :

Sicard vend 58 % de sa production aux petits commerces alors que ces petits commerçants ne représentent que 4,8 % du marché du bricolage. En revanche, elle ne vend que 6 % de sa production aux grandes surfaces spécialisées, alors que ces grandes surfaces spécialisées occupent 70,2 % du marché.
L'entreprise dépend donc trop des petits commerces. Elle doit modifier sa politique de distribution de façon à orienter l'essentiel de ses ventes vers les grandes surfaces spécialisées.

Activité 5, page 77

Suggestions

- Travail individuel : à faire à la maison.

Corrigé

Proposition :

Paris, le 26 février 2010

Rapport sur l'évolution des ventes

Madame la directrice,
À la suite de votre demande du 8 février, je vous présente mes observations sur l'évolution des ventes de Sicard.

1. Les résultats ne sont pas à la hauteur de ceux de la concurrence.
Cette année, le chiffre d'affaires de Sicard a augmenté de 10 %.
Ce résultat peut être considéré comme médiocre si on le compare à celui de Binette, notre principal concurrent, qui a progressé de 60 %.

2. Sicard ne vend pas assez aux grandes surfaces spécialisées.
La faible progression relative de nos ventes peut facilement s'expliquer en comparant la répartition du chiffre d'affaires de Sicard avec la part de marché respective des différents types de distributeurs.

Modes de distribution	Sicard	Secteur du bricolage
Petits commerces58 %	4,8 %	
Grandes surfaces spécialisées	6 %	70,2 %
Grandes surfaces généralistes	36 %	25 %

Comme l'indique ce tableau, Sicard n'a pas accompagné les bouleversements intervenus ces dernières années dans les circuits de distribution. Nous continuons à dépendre essentiellement du petit commerce alors que les grandes surfaces spécialisées occupent aujourd'hui la plus grande part du marché.

3. Deux propositions
Le marché du bricolage se porte bien : cette année encore, il a progressé de 8%. Pour que Sicard profite de la bonne santé du secteur, je propose :
– de concentrer nos efforts sur les ventes aux grandes surfaces spécialisées ;
– de réorganiser le service des ventes, en engageant des vendeurs dynamiques.
Je reste à votre disposition, Madame la directrice, pour tout complément d'information.

Pierre Dupont

Entreprise en chiffres (pages 78 et 79)

Objectifs

• Examiner les facteurs de production (travail et capital).
• Présenter et analyser les principaux résultats et données chiffrées de l'entreprise, ainsi que les cours boursiers.
➢ Point grammaire : les adverbes de quantité.

Activité 1, page 78

Suggestions
• Les étudiants lisent la leçon du jour et font l'exercice individuellement. Ils s'entendent ensuite avec un collègue de classe sur des réponses communes.
• Le professeur explique la leçon du jour, en développant certains points (voir ci-dessous « Pour votre information »).
• Correction collective des exercices.

Corrigé

1. *Il y a deux sortes de biens de production : le travail et le capital.* FAUX. Le travail et le capital sont des facteurs (moyens) de production. Il y a deux sortes de biens de production : les consommations intermédiaires et les biens d'équipement.
2. *Un produit alimentaire peut être un bien de production.* VRAI. Par exemple, le café, dans le cas où le café sert à produire autre chose, un bien ou un service, qui sera ensuite vendu. *Ex.* : le café servi dans un restaurant.
3. *On dit qu'une entreprise investit quand elle achète un bien d'équipement.* VRAI.
4. *Une entreprise textile qui achète du coton réalise un investissement.* FAUX. Une entreprise investit quand elle achète un bien d'équipement, c'est-à-dire un bien de production durable. D'un point de vue comptable, un bien durable est un bien matériel qui peut être utilisé pendant au moins un an.
5. *Dans certains cas, le montant de la rémunération d'un salarié dépend des bénéfices de l'entreprise.* VRAI. Le montant de l'intéressement dépend du bénéfice réalisé par l'entreprise.

Pour votre information

Rappelez-vous :
– Les biens de production = le capital technique.
– Les biens d'équipement = le capital fixe.
– Les consommations intermédiaires = le capital circulant.

Activité 2, page 78

Suggestions
• Les étudiants font l'exercice individuellement.
• Correction collective.

• Le professeur écrit au tableau les chiffres suivants : 5 %, 10 %, 15 %, 50 %, 100 %. Il demande aux étudiants ce que ces chiffres représentent.
Solution :
– 5 % : part du chiffre d'affaires à l'exportation il y a cinq ans.
– 50 % : part du chiffre d'affaires à l'exportation aujourd'hui.
– 10 % : part du chiffre d'affaires à l'investissement.
– 15 % : taux de croissance du bénéfice cette année.
– 100 % (= multiplié par 2) : taux d'augmentation des effectifs depuis cinq ans ou proportion de salariés recevant un intéressement.

Corrigé

1. *La part à l'exportation* : aujourd'hui, les exportations représentent 50 % du chiffre d'affaires alors qu'elles n'en représentaient qu'environ 5 % il y a cinq ans. La part à l'exportation a donc été multipliée par 10.
2. *Les investissements* : l'entreprise consacre 10 % de son chiffre d'affaires à l'investissement.
3. *Le nombre de salariés* : depuis cinq ans, les effectifs ont doublé.
4. *Leur rémunération* : depuis cette année, tous les salariés, sans exception, reçoivent un intéressement.
5. *Le bénéfice* : en constante progression, il a encore augmenté de 15 % par rapport à l'année dernière.

➢ Point grammaire, page 78

Corrigé

1. a – **3.** b – **5.** c – **2.** d – **4.** e.

Activités 3, page 79

Suggestions
• Un étudiant lit la consigne (principalement les chiffres) à haute voix.
• Travail individuel.
• Correction collective.

Exercices supplémentaires :
• **Exercice 1**. Le professeur lit aux étudiants les chiffres suivants :
1 012 – 79 519 – 892 183 – 15 263 572 – 2 591 141 642.
Les étudiants prennent note, puis lisent les chiffres à leur tour.

• **Exercice 2**. Les étudiants font l'exercice suivant (le professeur notera au tableau les phrases et les verbes).
Complétez les phrases avec les verbes suivants, au passé composé : réaliser, représenter, s'élever, rapporter.
1. L'année dernière, cette entreprise .... un bénéfice de 798 000 euros.
2. Son chiffre d'affaires .... à 3 975 000 euros.
3. Ses placements en Bourse lui .... environ 20 %.
4. Les ventes à l'exportation .... une faible partie du chiffre d'affaires.

Corrigé

1. Brioches : 1 198 000
2. Chaussons aux pommes : 88 950.
3. Croissants : 552 000
4. Pains au chocolat : 361 050

Exercice supplémentaire n° 2
1. a réalisé. – **2.** s'est élevé. – **3.** ont rapporté. **4.** ont représenté.

Pour votre information

Le graphique indiquant le chiffre d'affaires par produit (page 79, livre de l'élève) est un type de graphique dit circulaire, plus connu sous le nom de « camembert ». Ce « camembert » est utilisé pour montrer la décomposition, c'est-à-dire la taille de chaque fraction d'un total. Un message contenant des mots comme *fraction*, *pourcentage*, *représente x %*, exprime presque toujours une décomposition.

Activité 4, page 79

Suggestions

- Travail individuel
- Correction collective.

Corrigé

Brusquement le cours a chuté de 30 %, mais il a augmenté rapidement pour revenir à 10 euros. Il est resté stable pendant trois mois, puis il a baissé légèrement.

Pour votre information

Le graphique indiquant le cours de l'action Délices du Roi traduit une évolution. Cette fois-ci, on ne s'intéresse pas à la taille de chacune des parties d'un tout, mais à la variation dans le temps. Les marques de l'évolution sont des mots tels que en hausse, en baisse, croissance, augmentation, diminution, stable, etc.

Jouez à deux, page 79 •••••

Suggestions

Le professeur ne doit pas trop intervenir dans le jeu. Mais il doit veiller à ce que les consignes restent confidentielles. En particulier, la personne A ne doit pas voir le graphique que B est en train de lui décrire. (Voir *Comment jouer à deux*, page 12.)

Corrigé

Personne B

[...] début janvier à ***40*** euros à la fin du mois. [...] un plus bas historique de ***10*** euros fin février. [...] À la fin mars, l'action s'échangeait à ***17,5*** euros. [...] Fin avril, l'action valait toujours ***17,5*** euros.

Activité 5, page 79

Suggestions

- Les étudiants s'entendent à deux sur des réponses communes.
- Correction collective.

Corrigé

Proposition :

1. *D'accord.* Par mesure de prudence. Les actions sont un investissement risqué, certains y ont laissé leur fortune. Mieux vaut d'abord pourvoir à l'essentiel et commencer par se loger.

2. *Plutôt d'accord.* Les cadres connaissent leur entreprise de l'intérieur et peuvent en apprécier la valeur. Toutefois, rien n'est garanti, ils peuvent aussi se tromper.

3. *Plutôt d'accord.* Ces sociétés qui n'intéressent personne peuvent être sous-évaluées. Mais bien sûr, ce n'est pas une raison suffisante pour investir.

4. *Plutôt pas d'accord.* Les professionnels se trompent souvent. La Bourse est un pari sur l'avenir et les professionnels ne sont pas des devins.

3 Comptes de l'exercice (pages 80 et 81)

Objectifs

- Lire et établir un compte de résultat et un bilan d'entreprise.
- Définir le rôle de la comptabilité.

➢ Point grammaire : la concession.

Activité 1, page 80

Suggestions

- Les étudiants font d'abord l'exercice individuellement. Ils s'entendent ensuite avec un collègue de classe sur des réponses communes.
- Correction collective.

Corrigé

Actif		Passif	
• Actif immobilisé		**• Capitaux propres**	
– Maison :	130 000	– Héritage :	100 000
– Voiture :	10 000	– Épargne :	70 000
– Meubles :	25 000	**• Dettes**	
• Actif circulant		– Dettes :	60 000
– Banque :	50 000		
– Créance :	15 000		
Total :	230 000	**Total :**	230 000

Pour votre information

Le bilan d'un individu, comme celui d'une entreprise, comprend :
– l'actif : il indique ce qu'on possède (les biens) et ce qu'on nous doit (les créances) ;
– le passif : il indique l'origine de ces ressources (d'où vient ce qu'on possède ?). Attention au sens du mot « passif », qui n'a rien à voir ici avec la passivité.
L'actif est toujours égal au passif.

Activités 2, 3, page 80

Suggestions

- Les étudiants lisent la leçon du jour et font les exercices individuellement. Ils s'entendent ensuite avec un collègue de classe sur des réponses communes.
- Faire l'activité 1. Corriger collectivement. Faire l'activité 2. Corriger collectivement.
- En corrigeant l'activité 1, le professeur développe certains points de la leçon du jour (voir ci-dessous « Pour votre information »).

Corrigé

Activité 2

1. *Salaires versés* : COMPTE DE RÉSULTAT. – **2.** *Stocks de produits finis* : BILAN. – 3. *Compte en banque* : BILAN. – **4.** *Valeur des machines de l'atelier* : BILAN. – **5.** *Dettes de l'entreprise* : BILAN. – **6.** *Ventes de l'année* : COMPTE DE RÉSULTAT.

Activité 3

1. *Le bilan permet de calculer le bénéfice* : FAUX. C'est le compte de résultat qui permet de calculer le bénéfice de l'exercice, pas le bilan. – **2.** *Les biens qui sont utilisés pour une longue période font partie de l'actif circulant* : FAUX. Ils font partie de l'actif immobilisé. – **3.** *Les matières premières (ex. : le cacao) apparaissent au passif* : FAUX. Elles apparaissent à l'actif, dans les stocks.

– **4.** *L'argent déposé sur un compte bancaire augmente l'actif* : VRAI. C'est une ressource. – **5.** *L'achat à crédit d'une machine augmente l'actif et les dettes de l'entreprise* : VRAI. L'actif augmente car l'entreprise possède une machine supplémentaire. Les dettes augmentent car l'entreprise a acheté à crédit. – **6.** *Le passif indique d'où viennent les capitaux de l'entreprise* : VRAI. – **7.** *L'actif indique comment l'entreprise a utilisé ces capitaux* : VRAI.

Pour votre information

• *L'actif*
On distingue deux grandes catégories d'actifs. Certains actifs, comme par exemple le terrain sur lequel on construit une usine, constituent pour l'entreprise un emploi durable qu'il est difficile de transformer rapidement en un autre emploi : on dit qu'ils sont « immobilisés » dans l'entreprise, ou encore « fixes ». D'autres actifs, comme par exemple un stock de produits, sont plus transitoires, plus faciles à transformer : il s'agit des actifs « circulants ».
• *Le passif*
On peut distinguer deux grandes catégories :
– les « capitaux propres » qui regroupent l'ensemble des ressources non empruntées et dont l'entreprise peut disposer en permanence ;
– les ressources empruntées à l'extérieur ou « dettes » au sens strict.
D'une certaine façon, les capitaux propres sont également des dettes de l'entreprise envers les associés ou actionnaires qui ont apporté le capital ; mais il s'agit de dettes non exigibles : les propriétaires du capital ne peuvent pas exiger le remboursement de leurs capitaux, sauf dans le cas de faillite et de liquidation des biens de l'entreprise – et après que les autres créanciers de l'entreprise ont été remboursés.

Activité 4, 5, page 81

Suggestions
• Travail individuel.
• Correction collective après chaque exercice.

Corrigé

Activité 4

Compte de résultat			
Charges		**Produits**	
– Fournitures	33	– Chiffre d'affaires	220
– Impôts	17	– Indemnité	14
– Loyer	11	– Plus-value	66
– Intérêts	20		
– Salaires	119		
Total	200	**Total**	300
Résultat	**100**		

Activité 5

Bilan			
Actif		**Passif**	
• Actif immobilisé		**• Capitaux propres**	
– Terrain	118	– Capital	300
– Bâtiment	382	– Réserves	280
– Matériel	287		
• Actif circulant		**• Dettes**	
– Stocks	95	– Banque	275
– Créances	36	– Fisc	42
– Liquidités	82	– Fournisseurs	103
Total	**1 000**	**Total**	**1 000**

Activités 6, 7, page 81

Suggestions

- Les étudiants répondent par groupe de deux.
- Correction collective. Pour terminer, on s'interrogera sur les buts de la comptabilité.

Corrigé

Proposition :

Activité 6

Toutes les hypothèses sont les bienvenues. Par exemple : le magazine est financé par une grande librairie, son coût de fabrication est très bas (les auteurs des articles sont tous des bénévoles), il traite d'un sujet pointu et est vendu à un prix élevé à une clientèle de spécialistes, etc.

Activité 7

La déclaration du directeur explique, par une plaisanterie, la contradiction soulevée dans l'activité 6.

Une entreprise ne peut pas se passer de comptable, et cela, pour plusieurs raisons :
– d'abord, parce que toute entreprise est contrainte par la loi de tenir une comptabilité, ce qui permet, en particulier au fisc, de contrôler ses activités ;
– ensuite, parce que la comptabilité permet aux gestionnaires, aux actionnaires et même aux salariés de connaître l'état de santé de l'entreprise.

Pour votre information

On dit que la comptabilité a pour but de faire payer moins d'impôts à l'entreprise. C'est certainement vrai, mais ce n'est pas le seul but.

Le comptable enregistre et classe des informations chiffrées. Il diffuse les chiffres et les résultats. La comptabilité est donc aussi et surtout un outil de gestion. C'est ce qu'on appelle la comptabilité analytique. Elle permet au gestionnaire :
– de connaître le montant et l'origine des résultats ;
– de vérifier le bien-fondé des décisions prises ;
– de savoir à qui l'entreprise doit de l'argent et qui lui en doit.

➢ Point grammaire, page 81

1. ***Malgré*** la crise, il continue à gagner de l'argent. – **2.** Elle réussira, ***même si*** c'est difficile. – **3.** Il travaille comme comptable, ***bien qu'***il ne sache pas compter. – **4.** Il ne comprendra pas, ***à moins que*** vous ne lui expliquiez. – **5.** Cette entreprise ***a beau*** être leader dans son secteur, elle perd de l'argent ***quand même***. – **6.** J'ai beau vérifier les comptes, il ***n'empêche qu'***il reste toujours des erreurs.

4 Comptes de la nation (pages 82 et 83)

Objectifs

- Analyser et comparer les principales données chiffrées d'une ville, d'un pays : nombre d'habitants, PIB, taux d'inflation, etc.
- Expliquer différents niveaux de développement.

➢ Point grammaire : l'opposition.

Activités 1, 2, page 82

Suggestions

- Les étudiants lisent la leçon du jour et font les deux exercices individuellement. Ils s'entendent ensuite avec un collègue de classe sur des réponses communes.
- Le professeur explique la leçon du jour, en développant certains points (voir ci-dessous « Pour votre information »).
- Correction collective des exercices.

Corrigé

Activités 1

1. *Le PIB d'un pays est égal à la valeur des entreprises situées dans ce pays* : FAUX. Le PIB est égal à la richesse créée par ces entreprises au cours d'une année (= la valeur ajoutée) et non à la valeur de ces entreprises. – **2.** *La croissance économique correspond à une augmentation de la population* : FAUX. La croissance économique correspond à l'augmentation du PIB. L'augmentation de la population correspond à la croissance démographique. – **3.** *Si les revenus augmentent plus vite que les prix, le pouvoir d'achat augmente* : VRAI. Pour déterminer le pouvoir d'achat, il faut savoir ce qui va le plus vite : les revenus ou les prix.

Activité 2

1. *Le PIB de la Suisse est* ***moins*** *important que le PIB de la Chine.* Il est compréhensible que plus d'un milliard de Chinois créent plus de richesses que les sept millions de Suisses. – **2.** *Le PIB par habitant de la Suisse est* ***plus*** *important que celui de la Chine.* Un Suisse, en moyenne, crée plus de richesses qu'un Chinois.

Pour votre information

La production d'un pays est égale à la somme des valeurs ajoutées créées par toutes les entreprises de ce pays. On distingue :
– le produit intérieur brut (PIB), qui comprend les valeurs ajoutées des entreprises, nationales et étrangères, situées à l'intérieur du pays ;
– le produit national brut (PNB), qui comprend les valeurs ajoutées des entreprises nationales, situées dans le pays et à l'étranger.

Activité 3, page 82

Suggestions

- Les étudiants font l'exercice individuellement.
- Correction collective.

Corrigé

Activité 3

Exercice a

Le village de Douelle compte **534** habitants [...] et **210** moins de 20 ans. La taille moyenne des jeunes de 20 ans est de **1,65** mètre pour les garçons et de **1,55** mètre pour les filles. [...] les autres sont des jeunes de moins de **14** ans [...] Les **3/4** du budget familial passent dans l'alimentation. [...] Pour acheter un poulet de **1** kg, le travailleur moyen de Douelle doit travailler 8 heures.

Exercice b

Fiche d'identité

Nom de la commune : ***Douelle***
Nombre d'habitants : ***534***
– de moins de 20 ans : ***210***
– de plus de 70 ans : ***40***
Taille des habitants :
– hommes : ***1,65***
– femmes : ***1,55***
Niveau d'éducation : ***école primaire***
Population active : ***279***
Principal secteur d'activité : ***agriculture***
Pouvoir d'achat : ***prix d'un kilo de poulet = salaire d'une journée de travail (8 heures)***

Activités 4, 5, page 82

Suggestions

• La classe répond en commun aux questions.

Corrigé

Proposition :

Activité 4

Ce village présente toutes les caractéristiques d'un village pauvre et sous-développé : une forte proportion de jeunes, la petite taille des individus, le faible niveau d'éducation, la prédominance du secteur agricole, le faible pouvoir d'achat, l'importance des dépenses alimentaires dans le budget familial, une alimentation très simple, des moyens de production rudimentaires (des bœufs, deux tracteurs pour tout le village), etc.

Activité 5

On peut faire les suppositions suivantes : il y a maintenant une forte proportion de personnes âgées, les individus sont plus grands, le niveau d'éducation est plus élevé, le secteur agricole emploie une minorité de la population, les dépenses alimentaires ne représentent plus qu'une faible partie de l'alimentation, le pouvoir d'achat a considérablement augmenté (les revenus sont plus élevés, le prix du poulet a beaucoup baissé), l'alimentation est plus riche, les moyens de production se sont développés, etc.

Pour votre information

Un économiste français, Jean Fourastié, a écrit un livre resté célèbre : *Les Trente Glorieuses*. Dans cet ouvrage, il analyse l'évolution de la situation économique et sociale de la France pendant les trente années qui ont suivi la Seconde Guerre mondiale, les trente glorieuses, de 1945 à 1975. Il explique qu'en 1946 la France présentait toutes les caractéristiques d'un pays sous-développé et qu'elle est devenue un pays riche en trente ans.
Jean Fourastié nous décrit d'abord la situation du village où il est né, Douelle (11 km de Cahors), en 1946. Puis il décrit ce même village trente ans plus tard, en 1975. Cette année-là, Douelle compte 670 habitants ; 215 travaillent. Près de la moitié travaillent dans le secteur tertiaire : ils sont employés de bureau ou de banque, fonctionnaires, commerçants, instituteurs, etc. Une cinquantaine sont agriculteurs. La taille moyenne d'un adolescent de 20 ans est de 174 cm. Les rues du village sont animées.

Activités 6, 7, page 83

Suggestions

• Les étudiants font les activités 6 et 7 individuellement.
• Correction collective.

Corrigé

Activité 6

La population du Sénégal est estimée à ***10 millions*** d'habitants. [...] L'espérance de vie s'élève à ***49 ans*** pour les hommes [...]. 60% des habitants ont moins de ***25 ans***. Avec ***2 millions*** d'habitants, l'agglomération [...]. Plus de ***la moitié*** des Sénégalais vivent à la campagne. [...] tous les enfants âgés de 6 à ***12 ans***. Le produit intérieur brut (PIB) s'élève à ***15 milliards*** d'euros, soit ***1 500*** euros par habitant. Ces dernières années, la croissance a été de l'ordre de ***5%*** par an.

Activité 7

Fiche d'identité

Nom du pays : ***Sénégal***
Capitale : ***Dakar***
Population : ***10 millions***
Espérance de vie : ***49 ans (hommes), 53 ans (femmes)***
Taux d'alphabétisation : ***40 %***
PIB : ***15 milliards d'euros***
PIB/habitant : ***1 500 euros***
Croissance : ***5 %***
Inflation : ***3 %***
Chômage : ***30 %***

Activité 8, page 83

Suggestions

- Les étudiants présentent oralement les principaux indicateurs.
- Si les étudiants viennent de la même ville et/ou du même pays, ils choisiront une ville et un pays différents.

Pour votre information

PIB par habitant en PPA*

Pays	PIB	Pays	PIB
Allemagne	26 500	Grèce	18 000
Brésil	7 600	Hongrie	13 000
Chine	4 000	Mexique	9 000
Corée du Sud	16 000	Mozambique	850
Canada	29 000	Norvège	31 000
Égypte	3 600	Roumanie	6 500
États-Unis	35 000	Royaume-Uni	25 500
France	25 500	Russie	8 000
Israël	20 000	Singapour	23 000
Japon	26 000	Turquie	6 000

* PPA : parité de pouvoir d'achat (taux de conversion qui éliminent les différences de niveaux de prix entre les pays)

➢ Point grammaire, page 83

Corrigé

1 b – **2** f – **3** a – **4** e – **5** c.

5 Commerce extérieur (pages 84 et 85)

Objectifs

- Lire et établir les balances du commerce extérieur ;
- Débattre oralement et par écrit du libre-échange et du protectionnisme.

➢ Point grammaire : l'indicatif et le subjonctif dans la proposition complétive.

Activité 1, page 84

Suggestions

- Les étudiants lisent la leçon du jour et font l'exercice individuellement. Ils essayent ensuite de s'entendre avec un collègue de classe sur des réponses communes.

• Le professeur explique la leçon du jour, en développant certains points (voir ci-dessous « Pour votre information »).
• Correction collective.

Corrigé

1. […] la balance ***des invisibles***. – **2.** […] un ***investissement*** direct. – **3.** La balance ***commerciale*** [...]. – **4.** […] la balance ***des opérations courantes***. – **5.** La balance ***des paiements*** [...]. – **6.** La balance commerciale est ***excédentaire*** si les exportations sont supérieures aux ***importations***.

Pour votre information

Comme lire les différents soldes
– **Balance commerciale** : sa lecture est simple : il vaut mieux un solde excédentaire que déficitaire. Son solde est une sorte de locomotive pour les autres balances, car les activités industrielles dont elle rend compte entraînent des activités de services et des mouvements de capitaux. *Ex.* : la fabrication d'ordinateurs entraîne une création de services informatiques. En France, jusqu'en 1985, c'était la seule balance dont on publiait le solde mensuellement. D'où son image bien connue du public.
– **Balance des invisibles** : un solde positif est également un bon signe. Elle est plus difficile à calculer, et donc moins fiable, car, par nature, les invisibles sont difficiles à voir.
– **Balance des capitaux** : elle se subdivise en capitaux à long terme (plus d'un an) et en capitaux à court terme (moins d'un an). Elle est difficile à apprécier. Un déficit peut s'interpréter de façon opposée : bon ou mauvais signe. Même chose pour un excédent. Par exemple, en cas de déficit (les capitaux qui sortent sont supérieurs à ceux qui entrent), on peut dire que c'est bon signe pour plusieurs raisons : remboursements d'emprunts, présence sur les marchés internationaux qui s'accompagneront plus tard de rapatriement de bénéfices, prêts à l'étranger, etc. Mais un déficit peut également être mauvais signe s'il se traduit par une fuite de capitaux (manque de confiance dans l'économie nationale, dans la monnaie) ou une perte d'emplois et de croissance, etc.

Activité 2, page 84

Suggestions
• Les étudiants font l'exercice par groupes de deux.
• Correction collective.

Corrigé

Exercice a

	Entrées d'argent	Sorties d'argent
Balance commerciale	Produits alimentaires : 80	Pétrole : 60
Balance des invisibles	Services informatiques : 50	Brevets d'invention : 40
Balance courante	130	100
Balance des capitaux	Emprunts internationaux : 30	Investissements à l'étranger : 60
Balance des paiements	160	160

Exercice b
Seule la balance des capitaux est déficitaire. Noter que le solde de la balance des paiements est nul : on dit que la balance est en équilibre.

Activité 3, page 85

Suggestions
• Organiser un petit débat. Le professeur a un rôle d'animateur. Il se contente de susciter les réactions, d'orienter, de résumer ou de reformuler ce qui a été dit. Il note les arguments en

faveur du libre-échange et les arguments contre. Il évite de donner directement son avis, du moins dans un premier temps.

Activités 4, 5, page 85

Suggestions

- Les étudiants font les exercices individuellement. Ils s'entendent ensuite avec un collègue de classe sur des réponses communes.
- Correction collective après chaque exercice.

Corrigé

Activité 4

1. Diminution des droits de douane : FAVORABLE au libre-échange. – **2.** Contingentement des importations : DÉFAVORABLE. – **3.** Simplification des formalités douanières : FAVORABLE. – **4.** Établissement de règlements d'hygiène et de sécurité : DÉFAVORABLE.

Activité 5

1. Le ***libre-échange*** stimule la compétitivité et la productivité des entreprises. Les entreprises ne doivent pas se contenter d'être compétitives sur leur marché national, elles doivent également affronter la concurrence des entreprises étrangères.
2. Le ***protectionnisme*** protège les entreprises nationales, qui n'ont pas besoin de faire face à la concurrence étrangère.
3. Le ***protectionnisme*** entraîne une diminution de la consommation de produits étrangers. Les consommateurs préfèrent les produits nationaux aux produits étrangers, plus chers, sinon indisponibles.
4. Le ***libre-échange*** élargit le marché des entreprises. Les entreprises peuvent vendre et acheter sur un plus vaste marché (dans leur pays et à l'étranger).
5. Le ***libre-échange*** amène les pays à se spécialiser dans certains types de production. Un économiste anglais, David Ricardo (1772-1823), défendait le libre-échange au nom de la théorie des coûts comparatifs. Selon lui, tout pays a intérêt à se spécialiser dans ce qu'il sait le mieux faire, c'est-à-dire dans la production où il est le plus compétitif par rapport à ses partenaires commerciaux. Grâce au libre-échange, les pays peuvent exporter leurs productions et importer des biens produits à l'étranger à un moindre coût.
6. Le ***libre-échange*** rend les nations dépendantes les unes des autres. C'est une conséquence de la spécialisation de la production.

Activité 6, page 85

Suggestions

Exercice a

- Les étudiants répondent aux questions par groupes de deux.
- Correction collective.

Exercice b

- Parler de la situation dans le pays, en faisant des propositions.
- Travail individuel : les étudiants rédigent le message à la maison.

Corrigé

Proposition :

Exercice a

1. *Verser des subventions aux entreprises exportatrices*. Cette mesure pourrait encourager les exportations. Mais les subventions à l'exportation faussent la concurrence et sont, pour cette raison, interdites par l'Organisation mondiale du commerce. Les lois de l'Union européenne interdisent pareillement les « aides d'État ».

2. *Dévaluer la monnaie*. Si la monnaie est faible, les prix sont plus compétitifs sur les marchés étrangers et les entreprises peuvent ainsi exporter davantage. Mais la proposition de Pierre n'est pas réaliste car l'État français n'a pas le pouvoir de dévaluer l'euro. Seule la Banque centrale européenne peut avoir une influence – et seulement une influence (ce sont les marchés qui décident) – sur la parité de l'euro.
3. *Accueillir plus d'étudiants étrangers*. C'est la seule bonne idée de Pierre. En retournant dans leur pays, les étudiants qui occuperont des postes de responsabilité dans leur entreprise développeront peut-être des liens privilégiés avec la France.

Exercice b
Pour affronter la concurrence des produits étrangers, on peut soit empêcher ou freiner les importations, soit augmenter la productivité des entreprises nationales. Faire obstacle aux importations est contraire aux règles du commerce international, telles qu'elles sont posées, par exemple, par l'Organisation mondiale du commerce. Mieux vaut donc chercher à augmenter la productivité des entreprises nationales. Mais par quels moyens ?...

Bilan de compétences (pages 86 à 89)

A. Lire (pages 86 et 87)

Suggestions
- Travail individuel.
- Correction collective.

Corrigé

Activité 1
1 g – **2** c – **3** h – **4** b – **5** a – **6** e.

Activité 2

Exercice a
- EN HAUSSE : **1.** l'évolution des ventes (chiffre d'affaires de 309 M€ en 2005 et de 327 M€ en 2006). – **5.** les charges d'exploitation (le chiffre d'affaires a augmenté alors que le bénéfice d'exploitation a baissé → les charges d'exploitation – publicité, amortissements, frais financiers (intérêts) – ont donc augmenté).
- EN BAISSE : **2.** les stocks. – **3.** l'endettement (réduction de 35 % au cours des trois dernières années). – **4.** le bénéfice d'exploitation (passé de 17,8 M€ en 2005 à 17,5 M€ en 2006).

Exercice b
1. *En 2006, Pirex a réalisé pour plus de 10 millions d'euros d'investissements* : VRAI. Pirex a réalisé pour 18 M€ d'investissements industriels. – **2.** *Pirex vend principalement ses produits en Europe.* : NON PRÉCISÉ. – **3.** *Tous les produits de Pirex sont fabriqués en Europe* : FAUX. Le document mentionne une implantation industrielle au Mexique. – **4.** *Le désendettement de Pirex se poursuivra en 2007* : NON PRÉCISÉ. On sait que Pirex a réduit son endettement au cours des trois dernières années, mais rien n'est dit sur l'endettement à venir.

B. Écouter (page 88)

Suggestions
- Avant d'écouter, les étudiants consultent les fiches et émettent des hypothèses. Savent-ils combien d'habitants compte le Portugal ? Ont-ils une idée du PIB par habitant ? Connaissent-ils la date d'entrée dans l'Union européenne ? Etc. (Voir *Comment écouter*, page 25.)
- Écouter deux fois.
- Correction collective.

Corrigé

Portugal	Pays-Bas
Population : ***10 millions*** Superficie : *92 000 km²* Langue : *portugais* Capitale : *Lisbonne* Monnaie : *euro* PIB/habitant : ***18 000 euros*** Date d'entrée UE : ***1986*** Autres caractéristiques : ***4,5 millions de Portugais vivent à l'étranger, dont près de 800 000 en France.***	Population : ***10 millions*** Superficie : *41 526 km²* Langue : ***Néerlandais*** Capitale : ***Amsterdam*** Monnaie : ***euro*** PIB/habitant : *28 000 euros* Date d'entrée UE : ***1957*** Autres caractéristiques : ***La plus forte densité de population en Europe. Pratique de la bicyclette. Deux millions de bicyclettes vendus chaque année.***

C. – Écrire (page 89)

Suggestions

• Cet exercice d'écriture peut être fait individuellement ou par groupes de deux ou trois personnes. Dans ce dernier cas, chaque groupe met au point des textes communs. Les étudiants imaginent des chiffres aussi réalistes que possible.

Corrigé

Proposition :

Consommation.

La hausse des prix atteint des records

Mauvaise nouvelle pour les consommateurs : les étiquettes ont continué à augmenter en mars. Selon l'Institut national de la statistique et des études économiques (Insee), les prix à la consommation ont augmenté de 0,5 % le mois dernier, soit de 1,3 % depuis le début de l'année. Principaux responsables de cette envolée, l'habillement (+ 2,8 % en mars), les fruits et les légumes (+ 2,6 %) et l'essence, qui a gagné 10,1 % depuis le début de l'année, soit 15,9 % sur un an. En revanche, l'inflation est restée relativement modérée dans les services (+ 0,2 %). Cette hausse va-t-elle se poursuivre ? Les experts sont divisés. Pour certains, la morosité économique jouera en faveur d'un retour à des prix plus sages. « *Cette hausse est un problème désagréable mais passager.* », estime Jean-Michel Grillet, directeur des études économiques et financières du Crédit du Nord. D'autres sont plus pessimistes. « *L'envolée constatée depuis le début de l'année s'explique par la stratégie des entreprises qui veulent restaurer leurs marges bénéficiaires* », souligne Robert Rochefort, directeur général du Credoc (Centre de recherche pour l'étude et l'observation des conditions de vie). En tout cas, si l'augmentation des prix devait se poursuivre, c'est toute la mécanique économique qui risquerait alors de se gripper.

Emploi

19 200 chômeurs de plus au mois de février

Mois après mois, la situation continue de se dégrader sur le front de l'emploi. Toutes les catégories sociales sont concernées : hommes, femmes, jeunes, personnes âgées, etc. D'après l'Insee, cette tendance devrait malheureusement se poursuivre.

Finances

Reprise timide des places boursières

L'horizon commencerait-il à s'éclaircir pour les boursiers ? De fait, la plupart des indices boursiers ont progressé cette semaine, l'Euro Stoxx 50 – l'indice des 50 principales valeurs de la zone euro – ayant progressé de 2,13 %, à 2 800 points. Une reprise timide cependant, car les boursiers surveillent attentivement la santé de l'économie. « *Au vu des premières publications de résultats des entreprises, on a l'impression qu'ils sont plutôt en progression, mais en remarque également que la demande finale n'est pas encore bien forte* », commente Valérie Bossard, stratégiste à la banque Azur.

Transports
Le train casse les prix de la concurrence
À compter du 31 mars, vous pouvez acheter des billets à moitié prix sur plus de 500 trajets en France. Une condition : acheter au maximum 14 jours avant votre départ. Ces billets ne sont ni échangeables, ni remboursables, et ne seront pas proposés en période de pointe (vendredi après-midi et dimanche soir). « *Ces tarifs visent à concurrencer les compagnies aériennes* », indique-t-on à la direction clientèle de la SNCF.

D. Parler (page 89)

Suggestions

→ Voir Comment jouer à deux, page 12.

Corrigé

1 L'expression du lieu (page 98)

A. 1. ***en*** Turquie. – **2.** ***à*** Istanbul. – **3.** ***au*** Canada. – **4.** ***aux*** États-Unis. – **5.** ***de*** New York. – **6.** ***d'*** Égypte. – **7.** ***au*** Caire. – **8.** ***du*** Caire.
B. ***au*** Chili, ***en*** France, ***dans*** une ville située dans le sud du pays… ***chez*** Michelin… dans une petite entreprise, aux Pays-Bas.
C. 1. ***au*** dernier étage ***dans*** le quartier des affaires. – **2.** il est ***dans*** son bureau, assis dans son fauteuil, ***devant*** son ordinateur. ***Au*** mur, ***à côté de*** lui…. – **3.** ***Sur*** sa table… – **4.** ***en*** Chine, ***à*** Shanghai. – **5.** ***à*** l'aéroport ***au*** nord-est ***de*** Paris, ***à*** une trentaine de kilomètres.

2 L'interrogation directe (page 99)

A. 1. ***Qui*** travaille ici ? – **2.** Il fait ***quel*** temps dehors ? – **3.** ***Qui*** cherchez-vous ? – **4.** ***De qui*** parlez-vous ? – **5.** À ***qui*** est-ce ***que*** tu penses ? – **6.** Qu'est-ce ***que*** tu veux dire ? – **7.** ***Que*** voulez-vous dire ? – **8.** À ***qui*** écrivez-vous ?
B. 1. ***Quel*** âge a-t-elle ? – **2.** ***Que*** vous faites ? – **3.** ***De qui*** parlez-vous ? – **4.** ***Qu'est-ce qu'*** il y a dans cette tasse ? – **5.** ***Qui*** est au téléphone ? – **6.** ***À qui*** est cette gomme ? – **7.** ***Lesquelles*** préfères-tu ?
C. 1. ***Quel*** salaire… – **2.** ***Qu'est-ce*** qui vous intéresse… – **3.** ***Quelles*** sont vos qualités ? – **4.** ***Quels*** sont vos défauts ? – **5.** ***Pour quelle*** raison… – **6.** ***Quel*** temps… – **7.** ***Qu'est-ce que*** vous ne supportez pas… – **8.** ***Avez***-vous une question…

3 L'expression de la quantité (pages 100 et 101)

Exercices page 100
A. a 2 – b 6 – c 1 – d 5 – e 7 – 6 4 – g 3.
B. 1. trente-deux. – **2.** trente et un. – **3.** quatre. – **4.** quatre-vingts. – **5.** cent mille. – **6.** deux millions. – **7.** seize. – **8.** neuvième – **9.** trois cent soixante-cinq.
C. 1. ***25*** pays, ***450 000 000*** habitants. – **2.** ***58 %*** des femmes… – **3.** ***25 000*** Européens adultes… – **4.** ***6*** cm de plus… – **5.** ***16 %*** l'appellent… – **6.** ***200*** salariés.

Exercices page 101
A. 1. ***des*** gâteaux. – **2.** ***du*** poisson. – **3.** ***de la*** viande. – **4.** ***de l'***ail, ***des*** haricots verts et ***d'***autres légumes.
B. 1. ***du*** courage (partitif devant les noms abstraits qui ne sont pas nombrables). – **2.** beaucoup ***de*** courage (avec des expressions de quantité, « de » remplace l'article partitif) – **3.** ***un*** grand courage. – **4.** ***le*** courage de Sylvie (avec les verbes aimer, détester, admirer, on utilise l'article défini).
C. *Proposition :* acheter ***du poisson***, boire ***de l'eau***, prendre ***des yaourts nature***.
D. *Basile :* « ***Chacun*** a ses problèmes. Je ne trouve aucun travail. J'ai écrit à chaque entreprise de la région. ***Aucune*** ne m'a répondu. Maintenant, je n'ai plus ***aucun*** espoir. »
E. 1. Elle n'a pas le sens des affaires. – **2.** Je ne travaille ni le samedi ni le dimanche. – **3.** Il ne rencontre aucun problème. – **4.** Je n'ai pas encore reçu les résultats.
F. 1. aucun intérêt. – **2.** peu d'intérêt. – **3.** un peu d'intérêt. – **4.** quelque intérêt. – **5.** un certain intérêt. – **6.** beaucoup d'intérêt. – **7.** un intérêt considérable.

4 Les pronoms compléments (page 102)

A. 1. Comment ***le*** trouves-tu ? – **2.** Je ***l'***écouterais pendant des heures. – **3.** Oui, je ***t'***entends très bien. – **4.** Pouvez-vous ***la*** rappeler? – **5.** Sa famille ***lui*** manque. – **6.** Parlez-***lui*** très fort. – **7.** Inutile de ***leur*** cacher la vérité. – **8.** ne ***les*** oubliez pas.
B. 1. Claire qui ***le*** fait. – **2.** Lucie qui ***les*** prend. – **3.** Lucie qui ***y*** va. – **4.** Claire qui ***s'en*** charge et qui leur écrit… – **5.** Lucie qui ***leur*** téléphone et qui ***leur*** rend visite. – **6.** Claire ***s'en*** occupe. – **7.** toutes deux ***en*** ont besoin. – **8.** Claire ***lui*** achète des fleurs. – **9.** Lucie qui va ***l'***épouser.
C. 1. Elle s'intéresse peu à lui. – **2.** Nous y avons souvent pensé. – **3.** Ils nous en ont informés. – **4.** Je te l'ai déjà dit. – **5.** Il ne veut pas y aller. – **6.** Je ne lui en ai pas encore parlé.

5 Le passé composé et l'imparfait (page 103)

Un tour du monde à bicyclette : Un jour, Laurence, qui ***travaillait*** 12 heures par jour et 7 jours sur 7, ***est tombée*** gravement malade. Elle ***est restée*** trois mois à l'hôpital entre la vie et la mort. Finalement, elle a guéri et elle a pu sortir de l'hôpital. Alors, elle ***a changé*** complètement sa vie. Elle ***a démissionné***. Elle ***a acheté*** un vélo et elle ***est partie*** faire le tour du monde. Un jour, alors qu'elle ***traversait*** un petit village grec, elle ***a entendu*** quelqu'un qui ***l'appelait*** par son nom. Elle ***s'est retournée*** et elle a vu…

Un premier entretien d'embauche : Il ***était*** quinze heures. ***J'attendais*** à l'accueil de la société Bonnette. Je me ***sentais*** un peu nerveux. Normal, ***c'était*** mon premier entretien d'embauche. Je ***regardais*** l'hôtesse d'accueil. Elle ***dormait***. De temps en temps, le téléphone ***sonnait*** et la ***réveillait***. Des gens pressés ***passaient*** sans me regarder. Finalement, une dame ***est arrivée***. Elle ***semblait*** énergique. Elle ***a dit*** quelque chose à l'hôtesse, puis elle ***s'est tournée*** vers moi. « Monsieur Lebouc ? », ***a***-t-elle ***demandé***. Alors, à ce moment précis, je l'***ai reconnue***…

6 L'expression du temps (page 104)

A. 1. ***le*** 3 mars. – **2.** ***la*** semaine dernière. – **3.** ***au*** mois d'août. – **4.** ***en*** ce moment?
B. 1. ***depuis*** deux ans. – **2.** ***il y a*** une heure. – **3.** ***depuis*** une heure. – **4.** ***Il y a*** un an.
C. 1. ***jusqu'à*** l'âge de 65 ans. – **2.** ***pendant*** ton absence. – **3.** ***jusqu'à*** demain.
D. 1. ***en*** cinq mois. – **2.** ***dans*** dix minutes. – **3.** ***dans*** quelques années. – **4.** ***en*** une heure.
E. 1. ***pendant*** deux heures. – **2.** ***pour*** deux minutes. – **3.** ***pendant*** six mois. – **4.** ***pendant*** la réunion.
F. 1. habite. – **2.** a changé. – **3.** comprenne. – **4.** auras lu.
G. 1. ***avant qu'***il ne soit trop tard. – **2.** ***dès que*** je serai arrivée. – **3.** ***Après*** t'avoir écouté… – **4.** ***Depuis qu'***il est arrivé… – **5.** ***jusqu'à ce que*** je trouve… – **6.** ***En attendant que*** ma voiture…

7 Le discours indirect (page 105)

A. Elle lui demande : **1.** de se dépêcher. – **2.** de ne pas rester trop longtemps. – **3.** de l'appeler quand il sera arrivé. – **4.** de ne pas s'inquiéter.
B. Elle a dit : **1.** que le bénéfice ***avait progressé*** de 10%, qu'il ***s'élevait*** cette année à 10 millions d'euros, que c'***était*** bien, mais qu'***elle était*** sûre qu'on ***ferait*** encore mieux l'année prochaine. – **2.** que nous ***ouvririons*** en mars notre nouvelle usine, que Pierre Pingouin la ***dirigerait*** et que 200 personnes ***seraient*** embauchées. – **3.** qu'***elle*** ne ***voulait*** pas ***se*** concentrer sur un faible nombre de produits, qu'***elle croyait*** qu'il ***faudrait*** diversifier notre offre. – **4.** que Jacqueline Leduc ***avait été*** nommée directrice du marketing, en remplacement de M. Dupuis, qui ***avait pris*** sa retraite.

8 Les pronoms relatifs (page 106)

A. un livre ***qui*** plaît, ***que*** je recommande fortement/ ***dont*** j'ai entendu parler, ***dont*** tout le monde parle/ C'est l'histoire de ***qui*** ?/ D'un petit village ***où*** vivent des Gaulois.

B. 1. C'est un bon livre ***dans lequel*** tu trouveras beaucoup d'informations. – **2.** Voici un plan du salon ***sur lequel*** les stands sont indiqués. – **3.** Ce sont des détails ***auxquels*** tu dois faire attention. – **4.** C'est une personne compétente ***en qui*** tu peux avoir confiance. – **5.** Je vous présenterai ce monsieur ***avec qui*** je travaille.
C. *Proposition :* **1**. J'ai enfin trouvé un travail qui ***me plaît***. – **2.** Le contrat qu'***ils ont passé n'est pas très avantageux***. – **3.** Le bureau où ***je travaille*** donne sur un jardin. – **4.** Il a été licencié. C'est la raison pour laquelle ***il n'est pas très en forme***. – **5.** L'ordinateur sur lequel ***je travaille est tombé en panne***. – **6.** Je ne comprends pas ce dont ***vous parlez***.

9 Le subjonctif (page 107)

A. Il faut que vous ***soyez*** disponible, ***puissiez*** voyager, ***sachiez*** conduire, ***connaissiez*** l'anglais, ***aimiez*** les responsabilités, ***ayez*** de l'ambition. Vous ne croyez pas que la vie (être) ***soit*** faite pour les paresseux et qu'on ***devienne*** riche en dormant. Nous voulons que vous ***réussissiez*** avec nous.
B. 1. Il pense qu'elle ***a*** tort. – **2.** Il est temps qu'on ***parte***. – **3.** Je suis sûr qu'il ***est*** compétent. – **4.** Il vaut mieux que tu ***viennes***. – **5.** Je sais bien que tu ***dis*** la vérité. – **6.** Je doute qu'il ***comprenne***. – **7.** Il aimerait que tu ***fasses*** ce travail.
C. *Proposition :* **1**. ***Il faut*** qu'il aille à la réunion demain. – **2.** ***J'espère*** qu'on recevra des nouvelles. – **3.** ***Je ne crois pas*** que ça te plaise – **4.** ***Je regrette*** que vous ne soyez pas venus.
D. Complétez.
1. Je reste ici jusqu'à ce que ***tu reviennes***. – **2.** Dépêche-toi pour qu'***on ne soit pas en retard***. – **3.** Je voudrais la voir avant qu'***elle ne parte***. – **4.** Il fume au bureau bien que ***ce soit interdit***. – **5.** Je te le prête à condition que ***tu me le rendes rapidement***.

10 L'expression de la comparaison, de la condition, de l'hypothèse (page 108)

A. 1. ***mieux*** que ses collègues. – **2.** j'ai trouvé de ***meilleur*** marché. – **3.** pas forcément ***le meilleur***. – **4.** pour ***le mieux***.
B. *Proposition :* **1**. Le train est ***plus sûr*** que la voiture. – **2.** L'avion est le moyen de transport ***le plus rapide***. – **3.** L'argent coûte ***moins cher*** que l'or. – **4.** Un kilo de plumes pèse ***aussi lourd/autant*** qu'un kilo de plomb.
C. 1. Si elle ***avait refusé***, j'aurais été déçue. – **2.** Si tu sors avant 7 heures, ***appelle***-moi. – **3.** Si tu manques d'argent, tu ***peux/pourras*** toujours m'en demander. – **4.** Si elle ne travaillait pas, elle ***s'ennuierait***. – **5.** Si on t'avait proposé ce poste, est-ce que tu ***aurais accepté*** ? – **6.** Si on t'avait invité, est-ce que tu ***serais venu*** ?
D. 1. ***sauf*** si j'ai trop de travail. – **2.** ***à moins qu'***elle ne reçoive une aide de l'État. – **3.** ***au cas où*** ils n'obtiendraient pas satisfaction. – **4.** ***à condition que*** vous respectiez les vôtres.
E. 1. Il n'acceptera pas, ***à moins que*** vous (***ne***) lui proposez un gros salaire. – **2.** ***Pourvu que*** l'entreprise fasse des bénéfices, il est content. – **3.** ***En admettant qu'elle vienne***, je pense qu'elle arrivera sûrement en retard.

11 L'expression de la cause, de la conséquence (page 109)

A. […] à la réunion du 3 mars. ***En effet***, je serai en déplacement à l'étranger. ***En conséquence***, Madame Cuisinier… – ***En conséquence***, je vous demande de les livrer immédiatement. – ***En effet***, nous ne disposons pas du personnel…
B. … ***parce que*** Paulette n'est pas encore arrivée. – ***Alors***, on peut commencer. – Mais ***comme*** Jacques n'est pas encore là…– ***Puisque*** tout le monde est là…
C. *Proposition :* **1**. Grâce à son travail acharné, ***il a réussi***. – **2.** Il est comptable, c'est pourquoi ***il calcule vite***. – **3.** Il est arrivé en retard sous prétexte que ***son réveil n'a pas sonné***. – **4.** Il y avait tellement de monde que ***je n'ai pas pu entrer***. – **5.** Il y avait une grève si bien qu'***aucun train ne circulait***.

12 L'expression du but, de l'opposition, de la concession (page 110)

A. 1. tandis qu'il ***dort*** toute la journée. – **2.** de peur qu'on ne l'***entende*** pas. – **3.** Bien qu'il ***soit sorti*** l'année dernière... – **4.** encore qu'il y ***ait*** beaucoup de problèmes.
B. [...] ***Toutefois, contrairement à*** ce que nous avions commandé, le produit est de qualité 2. ***au lieu d'***être de qualité1. ***Afin de*** satisfaire notre clientèle [...] ***Dans l'espoir que*** vous reconnaîtrez le bien-fondé...
C. *Proposition :* **1.** On a beau lui dire de s'habiller correctement, ***il continue à s'habiller comme un clochard***. – **2.** J'ai répondu à plusieurs offres d'emploi sans ***recevoir la moindre réponse***. – **3.** Bien qu'il n'ait aucun diplôme, ***il a trouvé un emploi***. – **4.** Malgré la limitation de vitesse, ***il conduit comme un fou***. – **5.** Au lieu de ***regarder la télévision***, tu ferais mieux de faire tes devoirs. – **6.** Ils devraient arriver avant midi, à moins qu'***il y ait des embouteillages***.

Tableaux des conjugaisons (page 111)

Monsieur Tournier ***attache*** beaucoup d'importance au travail d'équipe. Il ***réussit*** bien à nous motiver et je lui ***fais*** confiance. Le problème, c'est qu'il ne ***sait*** pas déléguer, il ***veut*** tout expliquer, tout savoir, il ne nous ***laisse*** aucune indépendance. Au lieu d'aller droit au but et d'être direct, il ***passe*** beaucoup de temps à convaincre. Généralement, d'ailleurs, il y ***parvient***. Mais quelle perte de temps ! Avec lui, finalement, nous ***ne sommes*** pas très efficaces.

Mme Le Bihan ***explique*** dans le détail ce qu'elle ***veut***. Le problème, c'est qu'elle nous ***fait*** toujours travailler sur ses propres idées, et jamais sur les nôtres. Elle nous ***demande*** rarement notre avis. On ne ***peut*** jamais prendre d'initiative. Elle ***croit*** qu'elle ***est*** la plus compétente et qu'elle ***sait*** tout, dans tous les domaines. Je ne ***parviens*** jamais à la faire changer d'avis. Elle ***est*** incroyablement têtue.

Madame Salomon ? Elle ***a*** toutes les qualités. C'était quelqu'un qui ***réfléchit*** beaucoup et qui ne ***prend*** jamais de décision à la légère. Elle ***sait*** nous écouter. Elle ***mène*** les réunions avec beaucoup de savoir-faire. Elle ***intervient*** toujours quand il le ***faut***. Elle ***résout*** les conflits avec tact et ***fait*** attention de ne blesser personne. Elle ***définit*** clairement les objectifs et nous ***remercie*** toujours pour le travail qu'on ***fournit***. Elle ne se ***plaint*** jamais. Parfois, elle se ***trompe***, mais alors, elle ***reconnaît*** ses erreurs. Bref, elle ***est*** parfaite.

Tableaux des conjugaisons (page 112)

A. 1. .../ qu'elle n'***avait*** jamais ***pris*** l'avion. – **2.** .../ la marchandise que nous ***avions commandée*** il y a deux mois. – **3.** .../ comme nous l'***avions prévu***. – **4.** .../ depuis qu'elle ***avait perdu*** son travail. – **5.** Si elle ***était venue*** à la réunion... – **6.** .../ son entreprise ***s'était implantée*** au Japon.
B. Proposition : **2.** Il y a une conférence cet après-midi. – **3.** Et la réunion de ce matin ? – **4.** Il lui a remis sa lettre de démission. – **5.** Elle lui a fait des reproches. – **6.** Vous remettrez le rapport le 3 septembre, d'accord ? – **7.** Ils ont des produits très originaux.

Tableaux des conjugaisons (page 113)

A. 1. Roger, quand vous ***sortirez***, vous ne ***ferez*** pas... – **2.** Quand vous ***reviendrez***, vous ***achèterez***... Vous n'***oublierez*** pas... – **3.** Vous ***irez*** aussi chez le médecin... – **4.** Je ***devrai*** partir... et je ***serai*** de retour...
B. 1. en t'asseyant. – **2.** en croyant. – **3.** en buvant. – **4.** en sachant. – **5.** en se plaignant.
C. 1. ***Réussissez*** vos examens... – **2.** ***Faites*** Paris-Lyon... – **3.** ***Assurez-vous***... – **4.** ***Prenez*** des vacances...

Les expressions de la correspondance commerciale

(pages 114 et 115)

Corrigé

Exercice A

a. Je vous remercie de votre lettre du… (La formule « J'ai l'honneur de » est réservée à la correspondance administrative.)
b. J'ai bien reçu votre facture n° … (La rédaction d'une lettre comporte plusieurs étapes et on ne doit pas tout dire dès la première phrase. Dans la première phrase, on se contente de faire référence à ce qui s'est passé.)
c. Nous avons le plaisir de… (S'il ne s'est rien passé auparavant, on entre directement dans le sujet.)

Exercice B

Messieurs,
Je me réfère à votre annonce ***concernant*** votre nouveau téléphone XL545.
Votre offre m'***intéresse vivement***.
Je vous serais reconnaissant de m'envoyer votre catalogue.
Je vous en remercie par avance.
Meilleures salutations
Luc Gaillard

Exercice C

Messieurs,
Nous vous ***remercions*** de votre lettre du 3 mars, et avons le ***plaisir*** de vous envoyer ci-joint notre liste de prix.
Nous ***restons*** à votre disposition pour tout ***renseignement*** complémentaire.
Veuillez recevoir, ***Messieurs***, nos salutations les ***meilleures***.

De : Victor
À : Pauline
Objet : visite à Paris
Bonjour,
J'ai ***l'intention*** de me rendre en France fin mars.
Pourriez-vous me dire si vous serez à Paris à cette date ? Je serais ***heureux*** de vous revoir.
Bien à vous,
Victor

Madame,
Nous avons le ***regret*** de vous ***informer*** que nous ne ***pouvons*** malheureusement pas donner une suite favorable à votre demande…
Nous ***espérons*** que vous comprendrez les raisons de cette décision.
Nous vous prions d'agréer, ***Madame***, nos salutations distinguées.

Objet : Demande d'informations.
Messieurs,
Je vous serais ***reconnaissante*** de m'indiquer vos délais de livraison pour…
Je vous en ***remercie*** par ***avance***.
Meilleures ***salutations***.
Annie Marchand

Pour votre information

Point 1

Il y a d'autres titres de civilité que ceux indiqués dans ce point. Par exemple : « Cher Monsieur », « Chère Madame », « Cher client », « Cher Maître » (à un avocat), etc.

Point 2

On commence une lettre en expliquant ce qui s'est passé et ce qui appelle cette lettre. S'il ne s'est rien passé et si on écrit pour la première fois, on entre directement dans le vif du sujet (→ points 3 et suiv.)

Expliquer ce qui s'est passé, c'est souvent faire référence à la lettre à laquelle on répond. Beaucoup de lettres commencent donc ainsi : « J'ai bien reçu votre lettre du 3 mars. » Ne pas oublier de préciser la date de la lettre reçue. La correspondance professionnelle doit être précise, et la précision s'exprime le plus souvent par des chiffres et par des dates. On peut rappeler succinctement l'objet de la lettre reçue. Par exemple : « J'ai bien reçu votre lettre du 3 mars par laquelle vous m'informez de l'ouverture de votre restaurant » ou « ... par laquelle vous me demandez de payer la facture A323 ».

Comme il est précisé dans ce point 2, on peut également faire référence à autre chose qu'une lettre : mail, annonce, entretien téléphonique, etc. Par exemple : « Je fais suite à notre entretien téléphonique du 3 mars (au cours duquel vous m'avez informé de/que...). »

Certaines formules, très courantes, du type « À la suite de... », « Suite à... », « En réponse à... », « En référence à... » n'apparaissent pas dans ce point 2. Il est préférable de les utiliser seulement dans des lettres simples et courtes. Par exemple : « À la suite de votre demande du 3 mars, veuillez trouver ci-joint votre certificat de travail. »

Comme il est dit au bas du point 2, on peut également commencer une lettre en racontant ce qui s'est passé, sans utiliser ces formules qui, finalement, alourdissent considérablement le texte. Si l'histoire est simple, il suffira de quelques phrases pour la raconter. Si l'affaire est complexe, on fera plusieurs paragraphes.

Dans ces tableaux, les verbes sont donnés à la première personne du singulier (« Je me réfère à... »). Toutefois, quand on écrit dans le cadre des ses activités professionnelles, et au nom d'une entreprise, il est fréquent d'écrire à la première personne du pluriel (« Nous nous référons à... »). En tout cas, il faut choisir l'une ou l'autre forme et ne pas utiliser dans une même lettre tantôt le « je », tantôt le « vous ».

Point 3

On peut également informer directement, sans utiliser de formule. Par exemple :
« Cher client,
Notre restaurant ouvrira... »

Point 5

« Je vous prie de bien vouloir... » est la formule la plus courante et la plus neutre.
Dans une lettre formelle, on n'utilise pas l'interrogation directe ni donc de point d'interrogation. Mais la correspondance professionnelle n'est pas toujours formelle et on n'écrit pas seulement des lettres, mais aussi, de plus en plus, des e-mails, d'un style moins soutenu.

Point 6

« Ci-joint » et « sous ce pli » (moins fréquent) sont deux expressions synonymes. On plie une feuille pour faire une enveloppe, ou une feuille cartonnée pour faire un colis. Dans les deux cas, enveloppe ou colis, il s'agit d'un pli.

Point 7

Les expressions « être intéressé par » et « s'intéresser à » sont suivies d'un substantif et non d'un verbe. Les anglophones traduiront « *I am interested in doing...* » par « Je souhaiterais faire... ».

Points 8 et 9

Quand on répond négativement à une demande, quand on annonce une mauvaise nouvelle, on dira qu'on est « dans l'impossibilité de » ou qu'on est « obligé de ». Par exemple, plutôt que d'écrire « Je ne pourrai pas assister à la réunion du... », on écrira : « Je suis dans l'impossibilité d'assister à la réunion du... »

Point 12

Des formules comme « Meilleures salutations » ou « Cordiales salutations » sont de plus en plus fréquentes dans les lettres et sont la règle dans les e-mails.

Les expressions de la communication téléphonique

Corrigé

A. 1. Qui dois-je annoncer ? – **2.** Un instant, je vous prie. – **3.** Je crois que vous faites erreur. – **4.** Ce sera long. – **5.** Entendu, je rappelle.

B. [2] Elle est en réunion… – [4] Essayez dans une heure. – [1] Bonjour, c'est Caroline… – [5] Très bien, je rappellerai… – [3] C'est personnel…

C. Je ne **suis** pas **au** 01 45 22 28 ? – Non, ici, c'est **le** 22 29. – Nous avons été **coupés**. – C'est ma faute, j'ai **raccroché** par erreur.

D. Bonjour, monsieur. Je souhaiterais **parler à** madame Hoffmann. – C'est **de la part de qui** ? – Mathieu Gaillard, **de** la société Ixtel. – Ne **quittez** pas, monsieur, je vous mets **en ligne**.
– Je **regrette**, monsieur Gaillard, mais son **poste** est occupé. Voulez-vous **patienter** ? – Pouvez-vous lui **demander** de me **rappeler** plus tard ? – Certainement, monsieur Gaillard. Est-ce qu'elle a **votre numéro** ?

E. *Proposition :* **1.** Pouvez-vous épeler, s'il vous plaît ? – **2.** C'est à quel sujet ? – **3.** Ne quittez pas, je vous le passe. – **4.** Pourriez-vous rappeler demain ? – **5.** Pourriez-vous répéter plus lentement, s'il vous plaît ?

F. *Proposition :* **1.** B ou P ? – **2.** Pourrais-je parler à Jacques, s'il vous plaît ? – **3.** Pourriez-vous parler un peu plus fort, s'il vous plaît ? – **4.** Voulez-vous lui laisser un message ? – **5.** Je ne suis pas dans la société Ixtel ? – **6.** En quoi puis-je vous être utile ? – **7.** Je ne suis pas au service du personnel ?

G. 1. Touche « étoile ». – **2.** Touche « dièse ».

N° d'éditeur : 10099817 - LOYENNE - Novembre 2003
Imprimé en Belgique par Snel